명상어록

명상어록

초판 1쇄 인쇄일	2020년 2월 15일
초판 1쇄 발행일	2020년 2월 20일
지은이	양덕배
펴낸이	최길주
펴낸곳	도서출판 BG북갤러리
등록일자	2003년 11월 5일(제318-2003-000130호)
주소	서울시 영등포구 국회대로72길 6, 405호(여의도동, 아크로폴리스)
전화	02)761-7005(代)
팩스	02)761-7995
홈페이지	http://www.bookgallery.co.kr
E-mail	cgjpower@hanmail.net

ISBN 978-89-6495-158-3 03190

이 도서의 국립중앙도서관 출판시도서목록(CIP)은 e-CIP홈페이지(http://www.nl.go.kr/ecip)
와 국가자료공동목록시스템(http://www.nl.go.kr/kolisnet)에서 이용하실 수 있습니다.
(CIP제어번호 : CIP2020005839)

명상어록

생각 깊은 뜰

양덕배 지음

BG 북갤러리

명상어록은 필자의
'철저한 자기반성'에서부터 시작되었다

세상을 살아가면서 있어도 그만, 없어도 그만인, 사회에 보탬이 되지 않는 별 볼일 없는 필자 같은 사람이 불교 경전에서도 찾아보기 힘든 마음의 수양에 보탬이 되는 좋은 말들을 수록한 이 책을 완성했다. 그 골격의 언어들은 '철저한 자기반성', 즉 잘못되었던 생활방식을 뜯어 고치는 필자의 반성에서부터 시작된 것이다.

부모님으로부터 사랑을 받은 기억이 별로 없었던 필자는 청년시절 그리고 군복무시절에 화가 솟구칠 일이 발생할 때면, 반사회적인 인간으로의 진입을 수시로 생각하게 되었다. 하지만 필자가 살아가는 배경에 분함과 억울함 같은 불순물의 감정들은 시간이 지나고 나면 서서히 없어지는 것들이라는 작은 깨달음을 얻은 것이 지금까지 무탈하게 인생을 살아가는 바탕이 되었다.

그래서인지는 잘 모르겠지만 어느 누가 필자를 따뜻한 마음으로 잘 대해주는 사람을 만날 때면 눈에 눈물이 맺힐 정도로 고마운 마음도 들고 감사하게 되었다. 그러나 필자에게 아주 고약하게 구는 버릇없는 인간들이 근처에 있을 때면 야구방망이로 머리를 쳐 날려버리고 싶은 마음도 들곤 했다.

"사람이나, 짐승이나, 식물이나 사랑을 먹고 살아야 제대로 잘 될 수 있는 것이다."

언제나 사랑의 배고픔에 허덕거렸던 필자는 오히려 '내 마음을 비워 거의 해탈의 수준까지 갔노라'라는 마음으로 세상을 관조하게 되니 눈에 보이는 세상이 비로소 신비스럽고 아름답게 보이기 시작했다. '세상에서 내가 진 빚을 갚아나간다'는 마음으로 바뀌게 되었고, 이로 인하여 삶의 여유가 생기고 행복함이 충만하게 되었던 것이다.

사람이라면 어느 누구나 예외 없이 마음속에 선과 악이 공존하고 있으며, 천사와 악마가 마음속에 각각 자리를 틀고 앉아 있다. 여기에서 조금만 생각의 틀을 좋게 가지면, 생각에 의한 통찰의 생각은 '마음 그릇'을 크게 만드는 데 기여를 하고, 이는 자기 스스로 성장할 수 있는 좋은 영양분이 된다.

필자가 책을 읽으면서 크게 감명을 받았던, 내 마음의 뿌리까지 흔들어 놓았던 책이 몇 년 전에 작고하신 소설가 故(고) 최인호 님의 《길 없는 길》이라는 4권짜리 장편소설이었다.

이 소설을 다 읽고 난 후, 필자의 마음속에는 최인호 님의 영혼이 들어와 있다. 적어도 필자에게 있어서만큼은 필자의 생애 최고의 위대한 선생님으로 기억된다.

'이 세상에 신이 존재하고 있다면 내 손에 장을 지지겠다'고 생각했던 과거의 내 잘못이 얼마나 어리석고 우매한 생각이었는지 얼굴이 확확 달아오를 지경이 되었다. 이로 인하여 신의 존재를 겸허히 받아들이는 삶의 자세로 바꾸어 보니 눈에 보이지 않았던 사물의 실체를 꿰뚫어 볼 수 있는 혜안이 생기게 되고, 더 깊은 세상과 생각의 삼매경에 빠져들 수 있게 되었다.

어릴 적 죽음의 고비를 세 번 맞이했는데, 그때마다 이웃집 이강욱 형이 필자를 죽음의 문턱에서 구해주었다. 그 형을 생각하면 지금도 눈에 눈물이 맺힌다. 필자에게 잘 대해주는 사람들이 생길 때면 왜 그리도 눈에 눈물이 먼저 생기는지 모르지만 어쨌든 그 형을 꼭 한 번 만나보고 싶다.

이 책을 발간하게 된 동기는 인터넷 싸이월드 초창기에 필자의 홈페이지 블로그가 만들어 짐으로 글을 한 개, 두 개 쓰다 보니 10년의 세월이 흘러갔으며, '생각은 생각을 부르고, 생각의 삼매경에 빠져 든 긴 세월'이 필자의 유일한 행복이었다.

생각 속에 빠져 살아 온 10년 넘는 긴 세월이 필자에게는 마냥 행복함의 연속이었다. 필자의 《명상어록》을 접하는 독자들은, 적어도 다른 사람으로부터 손가락질 받지 않는 사람으로 살아갈 수 있을 것이며, 필자 또한 그렇게 되기를 간절히 바라는 마음이다. 세상을 아름답게 살아가 주십사 부탁드린다.

아울러 필자의 글이 책으로 세상에 빛을 보게 힘을 써 주신 출판사 〈북갤러리〉 최길주 대표님에게 머리 숙여 감사드린다.

2020년 1월

양덕배

삶

양덕배

세상에 태어난 걸 원망스럽다고 되돌아갈 수 없는 길에 서고 나니
슬프고 괴롭고, 기쁘고 즐겁고, 감정의 파도는 끊임이 없고
한 가닥 꿈을 향한 마음으로 세상 영역의 일원이 되어 움직여야 한다네

불공평한 세상살이는 처연한 심정이 되고
어쩔 수 없이 어차피 헤쳐 나가야 할 삶의 현장인 것을
힘찬 젊음의 청정한 기운도 세상의 기운에 눌려 힘을 상실하면
날개 꺾인 한 마리 새가 되어 제 몸 둘 곳 찾아 헤매인다네

악마와 천사가 공존하는 불협화음의 마당 같은 이상한 세상
텅 빈 하늘은 조용히 맑고 한없이 푸르기만 한데
神(신)은 우리에게 착한 마음으로 세상을 조용하게 살라하건만

세상 돌아가는 온갖 소리는 귀가 괴로운 소음수준이라네

부귀영화, 명예, 많은 욕심에 아등바등 노력하며 사는 사람
가진 것 없이 느긋한 행보의 유유히 흘러가며 사는 사람
이런 사람 저런 사람 어우러진 복잡한 세상살이에
얻는 것도 없을 것이며 잃을 것 또한 없다는 것을 뉘 알리오

'자아'라는 자기 자신이 사랑 그 자체라는 것을 알리가 없고
사는 것에 떨거덕거리며 시끄러운 소리로 소음만 발생하며 살면서
허망한 자기 이름 하나에 황금 옷을 입혀 본들 다 부질없는 일
제 각각 돌아올 수 없는 먼 저기에 갈 때에는 떨어지는 낙엽과 같다

세상의 유혹에 눈이 먼 이런저런 욕심들은 왜 그리도 많은 지
잘 사나 못 사나 어차피 불확실한 미완성 인생이건만
우매한 군상들은 천년만년 살 것처럼 호의호식하려고만 하니
기울어지는 마음 한 귀퉁이에는 추억만 한 아름 쌓여 간다네.

차례

자비의 혼 / 벌레 인생 / 지천명(하늘의 뜻) / 인격체 /
孝心(효심) / 평생을 간다 / 잘난 사람 / 못난 사람 / 돈 /
향기가 나는 사람 / 더 중요한 것 / 좋은 발자취 /
정신영역의 상승 / 군자 / 解脫(해탈)의 경지 / 존경의 대상 /
공백의 철학 / 운명적 위치 / 감투와 인격 /

사랑

①

사랑

사랑의 개념

자기를 사랑하듯 남을 사랑하는 것이며, 자기로 인하여 남이 편안하고 자유로운 마음을 갖게 할 수 있도록 배려하는 것, 그리고 그것이 포괄적인 모든 사랑의 근본이 되는 것을 말한다. 이는 더불어 사는 사람들의 행복 상승을 위해 노력하는 마음이라고도 할 수 있다.

사랑의 정의

사랑에는 큰 의미의 사랑과 작은 의미의 사랑이 있으며, 큰 의미의 사랑이란 공유하기 위한 양심이요, 불편한 삶을 편안하게 바꿔주는 신비한 힘이 되는 것이다. 작은 의미의 사랑이란 정의와 우정, 애정, 포용력 등으로 언제라도 자신을 희생할 수 있는 상태의 마음으로 연인이나 진정한 친구를 대할 때의 사랑함이다.

참사랑

참사랑이란 불안정 상태의 자기가 남을 위해 헌신하는 행위가 아닌, 늘 감사하는 마음과 예의를 지키며, 아름다운 결실을 보기 위해 정진해 나갈 줄 아는 정신, 그리고 차츰 완성되어 가는 사람으로 변하고자 하는 그런 마음을 계속 유지시켜 가는 것과, 마음에 욕심을 버리고 다른 사람들의 자유로운 활동에 방해가 되지 않도록 마음을 유지시켜 가는 것이 참사랑의 기본골격이라 할 수 있다.

사랑을 먹어야

사람이나, 식물이나, 짐승이나 사랑을 먹고 살아야 제대로 잘 될 수 있다.

사랑의 씨

어려운 사람에게 베푸는 사랑은 씨가 되어 또 다른 사랑을 잉태한다.

진실한 사랑

진실한 사랑이란 나의 노력이나 내 것을 내어다가 사랑하는 사람을 기쁘고 편안하게 해 주는 것이라 할 수 있다. 남녀 간의 사랑은 '나의 기쁨으로 삼겠다는 이기주의적인 사랑이요', 부부간의 사랑은 '사회의 형식에 매인 형식적인 사랑이요', 모성애의 무조건적인 사랑(아가페 사랑)은 자식을 위험한 악의 함정에 빠져들게 할 수 있는 위험한 사랑이 될 수 있음이다.

사랑의 양식

사람들은 이해와 같은 사랑의 양식을 먹고 사는 존재다. 고로 사랑의 양식이 턱없이 부족한 사람들은 오래 살지 못한다.

* 사랑받지 못하고 있다는 인식이 들게 되면 모든 일에 있어 피동적인 마음으로 대하게 되고, 이러한 원인이 우울증의 증세로 가게 된다.

삶의 버팀목

참다운 사랑은 불편한 삶을 편안하고 행복한 삶으로 이어가게 하는 신기한 버팀목이다. 그리고 받는 사랑은 기쁨이요, 주는 사랑은 행복이다.

헌신하는 사랑

남을 위해서 헌신하는 사랑은 항상 자기 자신을 새로운 모습으로 바꾸어 놓는 묘약이 된다.

삶의 발전

산다는 것은 시련이요, 사랑은 삶의 시련을 이기기 위함이요, 서로 이해한다는 것은 행복이요, 가슴속에 희망을 가지는 것은 삶의 발전을 위함이다.

가장 부드러운 치료약

희망과 인내 그리고 너그러운 관용과 배려가 있는 실천하는 사랑은 사람의 마음을 밝게 유지시켜 주는 유일하고 가장 부드러운 치료약이다.

인생의 가장 큰 선물

인생에서 많은 재물을 안겨주는 선물보다는, 포괄적인 올바른 사랑을 가르쳐 주는 것이 부모가 자식에게 줄 수 있는 가장 큰 선물이다.

종교 말씀

성경의 말씀은 사람이 사람을 사랑하라는 것이 되는 것이요, 부처의 말씀은 '이타행'(남을 이롭게 하는 행동)으로 요약되는 것이며, 성경은 '사랑'을, 불교는 '박애'를 강조하고 있으나 둘 다 같은 사랑의 말씀으로 나타 나 있는 것이 다르지 않다.

사랑의 실천

실천하는 사랑은 나와 더불어 다른 사람들에게 마음의 병을 낫게 해 주는 치료약을 먹여주는 것과 같다.

인생의 성공 1

자기가 존재하고 있음을 알고 다른 사람들을 위해 실천하는 사람은 인생에서 이미 성공한 사람이다.

악몽의 시간을 견디는 힘

사랑이나, 능력이나, 그 무엇이나 아름다운 희망의 꿈 한 개 정도는 갖고 살아라. 인생에 있어서 악몽의 시간이 닥쳐올지라도 충분히 견뎌낼 수 있는 힘이 되기 때문이다.

사랑의 마음은

어떤 상황이든 개의치 않고 선입견이나 미워하는 마음 없이 사랑의 마음으로 접근하면, 표현에 있어서 진실 아닌 것이 없다.

사랑의 함정

잘못된 사랑은 당신의 인생을 망쳐버릴 수 있는 함정에 걸려들 수 있다. 왜냐하면 사랑은 신이 인간에게 내린 숭고한 뜻의 가장 고귀한 선물이기 때문이다.

삶의 의미 1

삶의 의미가 무엇인지 알고 싶다면, 하나에서 열까지 남을 위해 존재하는 것으로 낙을 삼으라.

사랑의 집착 1

남녀 간에 사랑하는 마음이 깊어지면 소유욕에 의한 집착이 강해지고, 이 집착을 잘 통제하지 못하면 사랑은 금방 깨어질 수 있는 것이다. 사람은 물건이 아니기 때문이다.

사랑을 바르게 알면

사랑을 바르게 알고 사랑을 하게 되면, 그 사랑은 죽는 순간까지 지속된다.

인생의 성공 2

당신이 누리고 있는 여유로움을 다른 사람들을 돕는 것에 쓸 수 있다면 당신은 인생에서 성공한 사람이라 할 수 있다.

사랑의 뿌리

모든 행하는 것의 동기부여는 사랑의 뿌리가 근본이 되는 것이다.

분노와 열정

사랑의 힘에 의해 발생되는 분노와 열정은 사랑의 힘이 없어지면 사라지고 만다.

색깔론

본질을 외면한 색깔론의 언쟁은 가슴속의 사랑이 식어 가고 욕심만 생기게 할 뿐이다.

사랑의 통로

진심에서 우러난 배려는 상대의 마음을 사로잡는 유일한 사랑의 통로이다.

사랑은

사랑은 눈으로도 보고, 마음으로도 보고 그리고 가슴으로 깊이 느끼는 것이다.

휴머니스트

통상적으로 정직한 일을 하면서 일하는 방법과 의미를 알고 일을 한다면 진정한 휴머니스트라 불러도 된다.

* 휴머니스트 : 사람다운 따뜻한 情(정)이 흘러넘치는 사람

사랑하는 마음

사랑하는 마음은 모든 것을 잃어도 다시 시작할 수 있는 용기를 갖게 한다.

지도자의 사랑

사랑으로 충만되어 있는 사람이 지도자가 된다면, 그 지도자를 따르는 무리의 사람들은 자연히 행복지수가 상승하게 된다.

3합

지식과 지혜와 슬기로움이 힘을 합치면 세상에 이루지 못할 일이 하나도 없다.

일에 담긴 사랑

일 때문에 먹고 사는 것이 아니라 일에 담긴 사랑 때문에 살아갈 수 있는 것이다.

희망의 전주곡

소리 없이 웃는 미소 띤 얼굴은 희망을 가지게 하는 음악의 전주곡에 해당하는 것이다.

더 아름다운 것은 없다

이 세상에서 아름답게 보이는 것이 아무리 많을지라도 사람에게는 사람이 사람다운 사람으로 사는 것보다 더 아름다운 것은 없다.

부부간의 대화에서

부부간의 대화에서 여자는 남자가 성의 있게 듣기를 바라며, 건성이 아닌 진심어린 이해와 공감대 형성의 대답을 듣길 원한다. 이런 식으로 사랑의 온도를 감지하기 때문이다.

가장 가치 있는 일

영원한 마음의 안정을 위해 자기 스스로에게 공을 들이는 행동을 하는 것이 가장 가치 있는 일이며, 덕을 쌓는 행위가 되는 것이다. 영원한 마음의 안정을 위한다는 것은 결국 남을 위해서 존재한다는 뜻이기도 하다.

사랑을 모르다

사랑의 참의미를 모르는 사람들은 남자든 여자든 사랑이라는 이름으로 대상이 되는 사람을 집착하는 마음과 자기소유의 것으로 구속시키려 들 뿐이다.

사랑과 불만

불만이 발생했다는 것은 대상에 대한 사랑함이 없어진다는 것이다.

종교를 갖게 되면

정상적인 종교를 갖게 되면 사람이 사람답게 살아갈 수 있는 동기부여에 의한 아름다운 마음을 갖게 한다.

사랑의 집착 2

사랑과 집착의 차이는 밥줄을 쥐고 있기 위한 나를 위함이냐, 아니면 다수의 행복을 위하는 길이냐의 비교로 알 수 있다.

진실로 자신을 사랑하는 일

남을 대할 때 좋은 언행으로 교감을 유지하여 자기의 존재 가치와 인격을 높이는 노력의 모습과 기본 덕목을 잘 지키며 살아가야 진실로 자신을 사랑하는 일이 되는 것이며, 자기 마음의 안정을 위한 노력이 우선되어야 하며, 아울러 남을 위한 사랑의 실천이 되어야 하는 것이다.

배려

남을 배려할 줄 아는 습관이 몸에 배인 사람은 가슴속의 마음이 남들보다 훨씬 더 너그럽고, 따뜻하며, 대의명분에 대한 태도와 행동을 확실하게 하게 한다.

곁에 머무는 사람

좋은 사람이 항상 곁에 머물고 있다는 것은 삶의 힘이 되고, 위안이 되고, 행복함이 된다.

첫눈에 반했다

첫눈에 반했다는 것은 기쁨과 즐거움의 나래가 되겠지만, 생각이 깊지 못한 관계로 인해 자칫 어리석은 삶을 살게 되는 수도 있다.

왜 사느냐?

세상을 살아가는 우리 모두는 빚을 안고 살아가고 있다. 따라서 빚을 갚는다는 마음과 남을 사랑하는 마음으로 존재하며 살아가야 하는 것이다.

청결

청결함을 유지하려고 노력하는 마음은 사회에 대한 밝은 양심이며, 미래에 대한 희망이며, 자기 자신에 대한 예의이며, 주위 사람들에 대한 배려와 함께 하는 사랑행위에 속한다.

2

생활, 삶

②

생활, 삶

참다운 삶

참다운 삶이란 남에게 피해를 주지 않으면서 양심을 지키고, 사랑과 행복, 기쁨과 즐거움을 위한 노력으로 삶을 살며, 어려운 상황이 닥쳐와도 희망을 가지고 꿋꿋한 마음으로 살아갈 수 있는 삶을 말한다.

진실한 삶

진실한 삶을 살아가게 되면 남과의 다툼행위는 결코 일어나지 않는다.

산다는 것의 의미

산다는 것의 의미는 행복의 조건을 갖추기 위한 자기 스스로와의 끊임없는 투쟁이다.

산다는 것은

산다는 것은 어떤 목적이라기보다는 즐길 줄을 알고 사랑에 의한 협동과 나눔이 있으면 되는 것이다.

* '즐길 줄을 알아야 한다'의 말과 '즐기면서'의 말의 뜻은 비슷한 맥락이라고 보겠지만

글의 문장에 따라서는 차이가 있는 것이다.

사는 것의 목적

목적 없이 태어난 당신이지만 사는 것에 대한 목적은 단 하나, 사람다운 사람으로 살아가는 것이다.

가장 잘 사는 길

노력해서 얻는 수확의 양에서 분수와 도리와 건강을 지키고, 다른 사람들에 대한 포용심과 세상을 사랑하는 마음, 모든 것에 걸림 없이 여유롭고 편안하게 살아가면 그게 가장 잘 사는 길이다.

물처럼 사는 삶

특별한 욕심 없이 자기의 능력만큼 힘을 발휘하고, 대인관계에서는 낮은 자세로 세상에 여러모로 이로움을 주고, 더러운 것도 받아들일 줄 아는 포용력이 있어야 하고, 죽을 때에는 맑은 영혼의 소유자가 되어 승천하는 것이 흐르는 물처럼 사는 삶이다.

순리대로 사는 삶

순수한 마음과 사심 없이 사는 의로운 마음 그리고 양심적인 마음으로 세상을 살아가고, 자기가 지향하는 인생의 목표를 향해 노력하면서 무리한 생각 없이 살아가는 삶이 순리대로 사는 삶이다.

삶의 의미 2

삶의 의미를 요약하면, 사랑하는 마음으로 자기의 목표를 향해 부단히 노력하면서 다수의 행복을 위한 생동감의 표현이 되어야 하는 것이다.

산다는 것

기쁨과 즐거움의 여건을 조성하기 위한 끊임없는 자기와의 투쟁이며, 남들보다 나아지기 위한 희망의 고행이며, 죽지 않기 위한 몸부림에 지나지 않음이다.

무욕의 삶

모든 것의 집착에서 벗어나면 마음의 평화를 누릴 수 있고, 꼭 죽어야 할 상황의 죽음이 닥쳐와도 아무런 미련 없이 죽음을 맞이할 수 있게 된다.

성공한 삶

성공한 삶이란 자신의 능력으로 富(부)와 명예를 이루어서 주변 사람들로부터 존경의 대상이 되었을 때의 삶을 말한다.

삶의 방향

자신에게 없는 것보다 남아 있는 것이 무엇인가를 알게 되면, 삶의 방향을 결정할 수 있게 된다. 이게 중요한 것이다.

삶에 꼭 필요한 것

자세히 뜯어보고, 신중하게 생각하고, 올바르게 깨우치는 것. 다른 것은 몰라도 이 세 가지만큼은 삶에 꼭 필요하다.

이것이 인생이다

인생은 쉬어가는 쉼표가 있어야 하고, 깨달음의 느낌표가 있어야 하고, 풀리지 않는 답을 얻기 위한 물음표가 있어야 하고 또 역동적인 감정의 감탄사가 있어야 한다. 이런 것이 바로 인생이다.

어리석은 삶

풍요로운 물질의 만족감을 채우기 위해 인생을 살지 마라. 이는 지저분한 인간들의 어리석은 삶의 표본이기 때문이다.

운명대로 사는 사람들

미신에서 파생된 말들을 일상생활에서 자주 인용하여 쓰는 사람들은 자기에게 주어진 운명을 좋은 운명으로 바꿀 수가 없게 되며, 이로 인하여 당신의 운명은 이미 결정지어진 것이나 같다.

* 손을 뒷짐 지고 걸으면 관재수가 생긴다, 문지방을 밟고 있으면 들어오는 복도 돌아서 가버린다, 돼지꿈을 꾸게 되면 횡재수가 생긴다 등

생활리듬 1

생체 바이오리듬은 모르고 살아도 되지만, 주변 분위기에 따라 매번 변하는 생활리듬은 한 번 흐트러지면 좋은 삶을 이어가기 어렵기 때문에 항

상 밝은 마음을 유지하려는 노력의 자세가 필요하다.

인생을 생각하면

인생을 생각하면 최우선적으로 건강, 그 이외의 정답은 없다.

좋게 꾸며가는 삶

사람이라면 누구나 자기의 삶을 진실하게 그리고 아름답고 풍부하도록 좋게 꾸며갈 수 있는 마음으로 세상을 살아가야 한다.

함부로 행하지 말라

제대로 된 계획 없이 함부로 행하지 말라. 일이 잘못되면 가슴에 쓰라린 상처만 남게 된다.

* 세상사 모든 일에는 제대로 잘할 수 있는 수칙과 규정이 있는데 이러한 규정을 모르고 함부로 일을 행하지 말라는 뜻

꼴찌의 인생

반에서 꼴찌를 하는 학생에게도 눈이 번쩍 뜨일만한 흥밋거리는 반드시 있다. 그러므로 인생의 승자는 자기의 인생을 얼마나 아름답게 잘 엮어 가느냐에 달려 있는 것이다.

강요하는 믿음

상황이 어떤 상황이든 간에 그것에 대한 믿음을 강요하는 것은 거짓 행위나 사기행각의 시초가 되는 것이다. 진실 된 것들은 믿음을 강요하지

않는다.

유종의 미

하루 일의 마무리를 '유종의 미'로 끝날 수 있도록 매일같이 노력하며
살게 되면 좋은 운명으로 살아가게 되는 길이 된다.

부지런해지기

일이 있으나 없으나 일찍 자고 일찍 일어나는 습관을 가져라. 이는 부
지런해지기 위한 첫 번째 조건이다.

닮음과 다름

닮았거나 닮아간다는 것은 친밀함이 더해지고, 다르다는 것에서는 그
무엇보다도 즐거움의 재미를 찾는 태도가 삶의 지혜가 되는 것이다.

게임

사람들이 너나없이 게임에 자주 빠져드는 것은, 가치가 별로 없는 것인
데도 일상적인 실생활에서 얻지 못한 작은 기쁨을 성취하기 위함이며, 이
로 인해서 게임중독성도 생겨나는 것이다.

돈을 버는 형태의 사람들

정직한 노동으로 돈을 버는 사람들은 뭐든 솔선수범할 수 있지만, 말로
써 돈을 버는 사람들은 절대로 솔선수범 같은 모범적인 삶을 살지 않으면
서 돈은 더 많이 번다. 이는 결코 바람직한 사회현상이라 할 수 없다.

인생에서

인생에서 잊지 않아야 할 꼭 필요한 것은 자유로운 행동과 다양한 생각, 음미할 줄 아는 느낌이다. 이를 소중히 여겨야 한다.

자기반성 1

자기반성을 할 줄 모르는 사람들은 자기 자신을 사랑하지 않는 사람들이며, 세상을 살아가더라도 온갖 비바람 다 맞아가며 살아가게 된다.

仁 · 義 · 知 · 禮(인 · 의 · 지 · 예)

인 · 의 · 지 · 예, 이 4가지 말의 뜻은 각기 다르지만, 각 말마다 나머지 3개의 말뜻을 모두 내포하고 있으며, 세상을 살아가는 사람이 지녀야 하는 가장 근본이 되는 것들이다.

성격과 인격

성격과 인격은 정비례한다. 성격이 온순하면 인격도 온순하고, 성격이 나쁘면 인격도 나빠지고, 인성도 나쁘게 유지된다.

독서 1

독서의 습관화는 영혼의 힘을 키우고 사람이 사람답게 살기 위한 시간을 버는 행위이다.

* 저작자의 긴 세월의 시간이 담긴 그 책을 읽음으로써 그만큼의 시간을 번 것과 같다.

책임에 대한 마음

자기가 행하는 모든 일에 책임을 질 줄 아는 성숙된 마음이 없으면 그 것은 곧 죄악이다.

철저한 자기반성

사람다운 사람으로 성장하려면 예의와 감사, 사랑과 가정 등도 중요하지만, 철저한 자기반성의 습관화가 더 중요한 것이다.

즐거운 인생의 바탕

평범하게 사는 것에 길들여지지 마라. 당신만의 색깔이 있다면 튀는 모습의 행동으로 살아라. 이것이 당신이 누릴 수 있는 즐거운 인생의 바탕이 되기 때문이다.

희망의 빛

어떤 희망에 대하여 목적이 생겼다면 정성과 열정을 기하라. 그래야만 기대했던 희망의 빛을 볼 수가 있을 것이다.

인생 헤엄 법

처세의 처신은 낮은 행동으로 임하고, 희망의 꿈은 당신에게 합당한 무지갯빛 찬란함으로 간직하라.

무엇을 남겼는가

당신은 인생에서 돈과 재물 말고 인격적으로 무엇을, 얼마나 남겼는가?

성공

성공이라는 것은 목표의 끝이 아니다. 제2의 도약을 위한 시작일 뿐이다.

첫 단추, 첫발

'첫 단추를 잘 끼워라' 하는 것은 옷을 잘 여미기 위함이요, '첫발을 잘 내딛어라' 하는 것은 힘찬 걸음이 되기 위함이다. 첫 단추와 첫발의 의미는 하고자 하는 일의 끝맺음까지 잘하라는 것이다.

노력

씨앗을 뿌리지 않으면 수확의 즐거움을 누릴 수 없고, 노력을 하지 않으면 성취의 기쁨을 맛볼 수 없다.

스스로 찾는 노력

불안한 상태의 일은 부르지 않아도 불식간에 찾아오는 존재요, 희망적이고 행복한 믿음의 일은 스스로 찾으려는 노력이 없으면 결코 나를 찾아서 오는 일이 없게 된다.

가끔은, 때로는

바삐 움직이며 살아간다 할지라도 가끔은 고개를 들어 하늘을 보라. 그리고 때로는 여유로운 마음으로 여행을 떠나 보라.

성취감에 의한 보람

추진 중인 좋은 일의 끝맺음에서 자기 일에 대한 성취감을 느끼게 되는 것은 다른 사람으로부터 칭찬을 들을 수 있다는 기대감이 작용했다는 것이요, 칭찬을 듣게 되는 일의 성취감은 곧 보람이 되는 것이다. 이는 또 자존감을 높이는 계기가 되고, 다시 진취적인 삶의 동기부여가 되는 것이다.

* '칭찬은 고래도 춤을 출 수 있게 한다'는 말이 있다.

돈이 즐거움을 줄지라도

일을 하여 돈 버는 것을 즐거움으로 삼을지언정 돈의 노예는 되지 마라. 돈의 노예가 되는 것은 당신 인격의 얼굴을 추한 모습으로 만들게 할 뿐이다.

뭘 알아야

뭘 알아야 필요한 것을 요구할 수 있는데, 알지 못하는 것에 대해서는 그 아무것도 요구할 수 없게 된다.

눈물

상황에 따라 흘리는 눈물에도 힘의 상징이 되는 강함과 약함이 존재하고 있다.

큰 죄악

배우지 아니하거나 알지 못하는 것은 죄악이다. 그러나 배워서 나쁜 행동을 하거나 알지 못하면서도 함부로 섣불리 덤벼드는 것은 더 큰 죄악이다.

웃음의 의미
웃음을 잃은 삶이 된다면, 그 인생은 끝난 것이나 다름없다.

사람 담금질
고난과 역경 등의 가혹한 시련은 사람을 사람답게 가꾸어 주는 사람 담금질이 되는 것이다.

집착
집착과 욕심에 의한 기쁨, 근심과 두려운 마음 같은 불안한 마음을 갖게 되면, 길흉화복 새옹지마의 늪에서 빠져나올 수 있는 길이 없게 된다.

똑같은 실수
통상적인 일이나 삶의 생활에서 똑같은 실수를 반복한다는 것은 그 대상에 대한 사랑하는 마음이 없는 것이며, 온전함을 기원하는 정성이 부족함에서 비롯되는 것이다.

일과 돈
정당한 일을 열심히 하여 돈을 많이 버는 것은 일반적인 사회에서 정말 좋은 생활행동의 모습이다.

인생이 아니다

의미와 가치가 없는 당신의 삶이 지금껏 계속되어 왔다면, 어디에 가서 함부로 인생이라고 말하지 말라.

과거, 미래

과거, 현재, 미래는 한 묶음이지만, 현재 당신의 생활태도가 좋게 변하지 않는다면, 당신의 미래는 항상 과거의 공간에 머물러 있게 되는 것이다.

기다림의 지혜

참고 기다릴 줄 아는 지혜는 아름다운 결실을 맺는 좋은 기술이다.

가장 행복한 사람

어느 누구나 현재에 머무는 그 자리에서 규모가 크든, 작든 자기의 수고로 맺어지는 일의 달콤한 맛을 느끼며 순수하게 기뻐하는 사람이 가장 행복한 사람이다.

小確幸(소확행)

소확행을 항상 즐기기 위해서는 상식에서 벗어나지 않는 사람다운 사람으로 변해 있어야 가능한 일이다.

* 소확행(小確幸) : 작지만 확실한 행복을 말함.

행운 1

행운은 삶을 열심히 살아가려고 노력하는 사람에게, 행운을 맞을 기회가 주어지는 것이다.

* 횡재와 행운을 혼돈하지 마라.

가장 큰 실수

일본 속담에 "실수를 하지 않는 것이 가장 큰 실수이다" 하는 말이 있다. 사람은 실수를 통하여 반성하게 되고, 더 성장할 수 있는 존재인 것이다.

여행의 의미

여행을 떠나는 것은 여유로움을 느껴보는 자기의 만족이며, 여행에서 느끼는 생각의 변화를 통하여 행복한 삶과 후회 없는 인생을 추구하는 것이어야 한다.

동화작용

다른 사람들과 만남이 잦은 사람은 비록 심성이 나쁘다 할지라도 동화작용에 의하여 함부로 행동할 수 없게 된다. 반대로 '외골수' 상태로 혼자 지내는 시간이 많은 사람은 동화작용이 없는 관계로 상식 밖의 나쁜 짓을 저지를 확률이 높아진다.

생활리듬 2

다른 사람과의 관계에서 발생되는 여러 감정의 조각들은 생활리듬의 변화조건에 해당되므로 좋은 생활리듬을 유지하려면 다른 사람과의 관계에서 마찰이 없어야 하며, 자기를 낮춤으로써 대접을 받는 방법을 알게 되면 항상 좋은 생활리듬을 유지할 수 있게 된다. 생활리듬이 파괴되면 어느 순간에라도 불의의 사고를 당할 수 있다.

허영

재물의 축적을 위해서 과다한 욕심을 내는 사람들의 비뚤어진 마음은, 재물을 자기 우상으로 삼는 어리석은 사람들의 허영에 지나지 않을 뿐이다.

자기 만족감

사람은 누구나 자기 만족감을 위해서 산다. 그것이 개인적인 욕심이든, 소수나 다수를 위한 헌신이든 상관없이 행하고 얻는다. 자기 만족감이란 인생의 여정에서 짐을 내려놓고 잠시 쉬어갈 수 있는 휴게소와 같은 것이다.

심신건강

매서운 추위를 겪어 본 사람이라면 따뜻한 곳이 그립겠지만 정작 필요한 것은 어떤 환경이든 이겨낼 수 있는 몸과 마음의 건강함이다.

경제 5개년 목표설정

인생을 80세로 보고 있다면, 5개년 목표설정을 5개 이상은 채워라. 그리하면 미래에는 남들보다 훨씬 나은 인생을 맛볼 수 있을 것이다.

건강수명

적당하게 많이 걷는 사람은 건강수명이 더 길어진다.

독서 2

독서는 작가의 영감을 얻어 자기의 영혼을 빛나게 하는 것이다. 고로 책은 되도록 많이 읽어야 한다.

일상생활 1

여유가 없어 틀에 박힌 일상생활에서 벗어나지 못함을 탓하지 말라. 그냥 일상생활을 즐기는 마음으로 사랑하라. 그러면 그 속에서 마음의 성장은 더 커질 수 있다.

여행

여행에서 우리가 취할 것은 단순히 스트레스 해소만이 아닌, 생각과 편견을 바꾸는 계기가 되어야 하는 것이다.

부작용

많이 먹지 마라. 필요 이상의 과잉섭취는 이로움보다는 부작용이 더 크다. 우리네 인생도 이와 다르지 않다.

행복 창조권리

당신이 맡고 있는 직업의 일을 동기부여에 의해서 잘해 낼 수 있는 능력을 가지고 있다면, 행복 창조권리를 손에 쥔 거와 같다.

명분과 이익

명분을 세울 때는 이익이 발생하는 명분을 세워라. 명분이란 정당성에 대한 보상을 받기 위함이 되는 것이다.

배움 1

배움은 상호소통의 다리 역할이 되고, 희망의 씨앗이 잘 자랄 수 있도록 하는 거름이다.

흥미로움

흥미를 유발시키는(성질을 띠는) 것은 쉽게 그만 둘 수 없으며, 빠져들수록 그 범위와 규모는 더 커지려는 성향이 있다.

어떠한 조건도

자신을 진실로 사랑하지 않는 사람과 자기를 사랑하는 법을 모르는 사람한테는 그 어떠한 좋은 조건도 자기에게 별로 도움이 되지 않는다.

당신의 멋진 내면

좋은 책을 계속 읽게 되면 당신의 멋진 내면을 볼 수 있게 된다.

듣는 것

말하기 좋아하는 것보다는 듣는 것을 좋게 즐겨라. 수용력에 의해 가슴이 열리고 인생의 의미를 깨달을 수 있는 좋은 의미의 상황이 되는 것이다.

세상에 태어난 보답

안다고 자만하지 말고, 언제나 배우는 자세로 인생을 살아라. 이것이 세상에 태어난 보답이 되는 것이다.

치료약

건강하게 자주 웃는 밝은 웃음과 집착 없는 해탈한 마음은 모든 병을 낫게 하는 근본적인 치료약이다.

자신과의 싸움

자기와의 싸움이라는 것은 자기 스스로의 질타 같은 담금질을 통해 자기를 강하게 변화시키는 것을 말하며, 자기를 사랑하는 행동에 해당되는 것이다.

일을 한 결과의 효과

스스로 갈고 닦은 혼과 정성을 담은 정신으로 노력한 1시간의 값어치가 통상적인 일상의 24시간보다 수십 수백 배 이상의 좋은 결과를 가져올 수도 있는 것이다.

몸과 마음

몸의 편안함을 위해 마음이 편하지 못하면 아름다운 미래가 없는 삶이 되는 것이요, 몸이 건강하고 마음이 편하면 아름다운 미래를 기약할 수 있는 바탕의 삶이 된다.

일상생활 2

다람쥐 쳇바퀴 돌듯 변화 없는 일상생활의 연속이 지루하다는 생각이 들겠지만, 여기에 진리와 사랑이 숨어 있다는 것을 알아야 한다.

이해관계

삶의 흐름은 여러 면의 이해관계에서 형성되어 가고 그 속에서 각자 인생의 좋은 길과 나쁜 길이 만들어지는 것이다.

* 우리 사람들은 삶을 살아가면서 무수히 많은 상황의 이해관계를 정리해야 하는 입장에 놓이게 되는데, 좋은 쪽으로 이해를 하는 습관을 들이면 인생은 좋은 쪽으로 만들어질 것이고, 나쁜 쪽으로 이해를 하게 되면 인생 또한 나쁜 쪽으로 만들어질 것이다. 그리고 인생의 갈림길은 천차만별이 되는 것이다.

인생의 현명한 답

그 무엇을 채워가는 인생이든 무소유 개념의 인생이든 하루하루를 당신의 건강과 행복을 위해서 움직였다면, 그것이 현명한 답이다.

행운 2

행운은 게으른 사람에게는 절대로 찾아가지 않는다.

당신의 팔자

살아가면서 하나의 좋은 목표가 있으면, 있거나 말거나 본체만체하는 사람, 목표를 향해 가고 싶은 마음은 있는데 쉽게 움직이지 않는 사람, 목표를 향해 곧장 움직이며 노력하는 사람, 당신은 이 셋 중에서 어디에 속하는가? 여기에 당신의 사주팔자가 숨어 있는 것이다.

창의적인 사람

환경적인 조건의 다변화를 통한 경험들이 창의적인 사람으로 만드는 역할을 하게 한다.

나이 40세

나이 40세 되기 전에 세상을 잘 헤쳐 나갈 인생의 지혜를 갖추고 있는 사람들은 삶의 의미를 이미 터득한 사람들이다.

음식예절

정성이 깃든 음식을 정성스럽게 잘 먹어 주는 습관이 되어 있는 사람들은 항상 좋은 운명을 지니고 살아갈 수 있게 된다. 왜냐하면 이 자체가 신에 대한 감사함이며, 깊은 생각이 있었기 때문인 것이다. 먹는 음식을 함부로 버리면 죄업을 쌓는다는 말이 괜히 있는 것이 아니다.

청결유지

주변 환경의 청결을 유지하려는 그 마음은 다른 사람들과 자기에 대한 예의이고, 밝은 사랑이며, 세상에 대한 보답이며, 업을 지우는 덕을 쌓는 행위이며, 다른 사람을 위하는 사랑이다.

돈의 성질

돈은 자유와 인격을 유지하는 데 필요하지만 부당하게 모은 돈은 자유와 인격을 박탈당하게 하며, 쓸데없이 많이 가지고 있으면 禍(화)의 근원이 된다.

습관의 맛

습관의 맛이 좋은 것에 맛이 들면 여러모로 생활이 좋아지게 되고, 나쁜 것에 맛이 들면 서서히 망해가는 길만 있을 뿐이다.

氣(기)

기운의 氣(기)를 잘 알게 되면 자신의 몸을 한층 가볍게 움직이게 할 수 있게 된다.

배움의 양

배움이 많으면 삶의 질이 좋아지거나 높일 수 있고, 배움이 적으면 삶의 질은 나빠지는 것이 대부분이다.

눈물의 빵

눈물의 빵을 먹어보지 않고서는 일하는 즐거움을 알 수가 없다.

인생의 집착

좋은 노력의 결실에 대한 집착은 유지하고 살아가야 되지만, 인생 50세 이후부터는 그 어떤 것의 집착에도 연연하지 말아야 좋은 인생이 될 수 있다.

일의 즐거움

일하는 즐거움을 아는 사람은 매일 매일이 보람찬 하루요, 희망에 대한 행복을 아는 것으로 보면 되는 것이다.

원칙의 적용

원칙에 입각한 계획의 실천은 만족스러운 결과와 성공으로 가는 지름길이다.

뒷정리

일의 작업이 끝나고 뒷정리를 깨끗이 하는 사람은 평소에도 늘 책임감이 강한 사람이다.

수명연장

규칙적인 생활로 부지런히 움직이며 사는 사람의 생존수명은 자연스럽게 건강이 유지가 되고, 건강한 몸은 수명이 길어질 수밖에 없는 것이다. 계단을 올라갈 때 한 계단을 올랐다면 당신의 수명은 14초가 늘어난 셈이다.

기본에 충실

경력과 경륜도 중요하지만 기본에 충실한 사람이 큰일도 능히 해낼 수 있는 것이다.

좋은 생각의 진행은 지혜가 된다

미국 대륙을 발견한 콜럼버스는 아무도 세우지 못한 날계란을 계란 밑부분을 깨어진 상태로 세웠다. 하지만 지금은 누구나 날계란을 깨어지지 않은 상태로 세로로 세울 수 있게 되었다. 계란에 비유한 이것처럼 좋은 생각의 계속된 진행은 인간의 삶에 유익한 지혜가 되는 것이다.

어떤 기도

"신이시여, 나는 나와 인연 있는 모든 이들에게 기쁨과 즐거움을 줄 수 있으면 좋겠다는 마음으로 세상을 살아가고 있고, 소수의 몇몇은 저의 이러한 마음의 혜택을 받고 있는 사람들도 있습니다. 이것은 곧 나의 행복이기 때문에 그렇게 하고 있는 것입니다. 신이시여, 나와 같이 이러한 마음과 행동으로 세상을 살아가는 사람들이 많이 생겨났으면 참 좋겠다는 일념으로 기도 드렸습나이다. 감사합니다."

운명의 길

스스로 잘 깨우치거나 부모교육을 잘 받은 사람은 좋은 운명으로 살아가게 되고, 깨우치지 못하거나 부모교육을 잘 받지 못한 사람은 좋지 못한 운명으로 살아가게 된다.

악순환의 고리

삶에서 한 번 잘못된 부분을 바로 잡으려는 노력이 없다면 악순환의 고리에서 빠져나오기 힘들게 된다. 예) 인간관계, 금전대출, 도박, 음주운전 등등

흥미 위주

흥미 위주의 성질이 있는 것은 쉽게 그만둘 수 없게 만들며, 빠져들수록 그 범위와 규모는 더 커지는 성향이 있는 성질이 있게 된다.

오욕칠정

사람이라면 오욕칠정에 의한 삶을 살게 되는데, 오욕칠정에서 벗어나지 못하고 밀착해서 살아가는 삶은 나쁜 운명을 짊어지고 살아가는 것이 된다. 좋은 운명으로 삶을 살아가려 한다면, 이 오욕칠정에서 멀어지는 법을 알아야 하며 그러기 위해서는 밝은 혜안으로 돌아가는 세상의 이치를 잘 깨달아야 하는 것이다.

　　* 오욕 : 재물욕, 성욕, 식욕, 수면욕, 명예욕(명예는 욕심으로 얻어지는 것이 아니다)
　　* 칠정 : 기쁨과 노여움, 사랑과 미움, 두려움과 슬픔, 모든 욕심

생각

3

생각

명상 1

명상이란 뭔가 새로운 것을 추구하려는 것이 아닌, 인생을 바르게 살아가기 위한 다각적인 면의 깊은 생각 속으로 빠져드는 것이다.

명상 2

명상이란 자기 스스로를 가르치는 훌륭한 삶의 스승이나 다름없으며, 생각하는 것만이 아닌 바르게 살아가기 위한 것이어야 한다.

생각의 차이

사물에 대한 시청각은 누구나 동일하지만, 각자 사회적인 위치에 따라 느낌이 다르게 작용한다. 여기에서 각기 다른 생각의 차이가 발생하는 것이다.

생각의 문제

인생을 일장춘몽으로 여겨 덧없는 세월만 흘려보낼 것인가, 아니면 각고의 노력으로 입신양명하여 이름을 남길 것인가, 이래도 한 세상 저래도

한 세상 하면서 적당히 '눈치 인생'을 살 것인가 하는 결정은 자기 스스로의 생각에 의한 문제일 뿐이다.

* 다 늙어서 연고자도 없이 혼자 살면서 고약한 악취 풍기며 산송장처럼 흐느적거리며 살 바에는 일찍 죽는 게 낫다. 생명의 존엄도 중요하지만, 죽음의 존엄 선택권도 중요한 것이다.

생각

생각을 어떻게 하며 어떤 결론을 내리느냐에 따라 자신이 나아가는 앞길에 도움이 되기도 하고, 방해가 되기도 한다.

철학의 존재 이유

동양철학과 서양철학의 기준점은 다르더라도 지향하는 바는 같다. 결론은 인간불평등에 대한 격차의 해소를 조금이나마 줄여 보고자 하는 그 목적을 위하여 철학이 존재하는 것이다.

지식과 지혜의 속

지식 속에는 위험한 요소가 존재하고 있지만, 지혜 속에는 오로지 편안하고 안전함의 행복이 함께 존재하고 있다.

명상에 임하는 자세

명상에 임하는 자세는 정해진 게 없다. 누워 있거나, 앉아 있거나, 걸어가면서도 명상에 임할 수 있는 것이다. 명상은 삶을 바르게 살아가기 위한 생각이면 되는 것이다.

상상력

심도 있는 상상을 많이 하게 되면, 그 중에서 한 개 정도는 비싸게 책정되는 것이 반드시 있을 것이다.

자기의 운명

환경적인 분위기에 따른 생각의 차이가 자기의 운명으로 결정되어감으로 좋은 생각을 하는 습관을 들이게 되면 자연히 좋은 운명으로 바뀌어진다.

생각의 벽

성공과 실패 사이에는 생각의 벽이 존재한다. 생각의 벽을 잘 뚫고 나가면 성공으로 가는 길이 되고, 잘 뚫고 나가지 못하면 실패로 가는 길이 된다.

정치

정치인이 '정치를 잘한다'라는 말을 듣고 싶으면, 분쟁의 씨앗을 심지 말고 민생을 편안하게 해 주면 되는 것이다.

욕은 누구나 할 줄 안다

남의 나쁜 짓에 대해서 평생을 욕 한마디 뱉지 않고 살아가는 사람들은 무더운 여름날의 회전날개가 없는 선풍기와 같은 사람이 될 뿐이다.

짓는 글의 의미

글을 새롭게 짓는 것은 새로운 집을 짓는 거와 같다. 좋은 글을 짓는 것은 좋은 집처럼 사람을 편하고 기쁘게 해 주지만, 부실하게 짓는 글은 잘못 지어진 집처럼 사람을 불편하게 한다.

조건의 행복

조건이 충족되어야 행복해질 수 있다는 조건의 행복은 존재하지 않는다. 조건의 충족은 일순간의 기쁨일 뿐이며, 행복이란 조건 없이 느끼는 것이다. 왜냐하면 행복은 소유에 있지 않고 존재에 있기 때문이다.

진전 없는 행보

늘 반복되는 일상에서 몸과 마음이 피곤해지고 불만이 생기는 것은 단조로운 일 때문에 그런 것이 아니라, 신선한 자극 같은 진전 있는 행보가 없는 것에 대한 갈증의 목마름 때문이다.

느낌표 1

가슴에 느낌표를 많이 축적하게 되면 눈으로 보는 모든 사물에서 배우지 못할 것이 없다는 것을 알게 된다.

길

목적지에 빨리 가려면, 모르는 지름길을 물어물어 가기보다는 알고 있는 길이 지름길보다 더 빨리 간다. 인생도 이와 비슷하다.

외로운 생활

능력의 부재로 인하여 혼자 외로운 생활을 이어간다고 외로운 슬픔에 빠져들지 말라. 이는 신이 그대에게 나쁜 사람을 만나지 않게 하기 위한 처방이라고 여겨라.

도전하는 정신

자기의 재능에 부합하는 것에 대한 '할 수 있다는 신념으로 도전하는 정신은 참 아름다운 것'이다.

생각의 틀은 당신의 운명

간접경험이라도 식견을 넓혀 나가야 생각의 틀을 바꿀 수가 있는데 생활의 습성에 젖은 상태로는 생각의 틀을 바꿀 수가 없게 되고, 생활습성에 의해 굳어진 생각수준의 틀은 바로 당신의 운명이 되는 것이다.

2가지 교육방법

하나는 코뚜레를 꿰어 강제주입식의 앞에서 끌어당기는 교육법이 있고, 또 하나는 스스로 알아서 할 수 있도록 뒤에서 밀어주는 교육법이 있다.

틀린 말, 맞는 말

"죄는 미워하되 사람은 미워하지 마라." 이 말은 틀린 말이다. 그리고 "피는 못 속인다." 이 말이 맞는 말이다.

　* 악인은 악인의 피를 이어 받고, 선한 사람은 선한 피를 이어 받는다. 그리고 죄를 지

은 사람에 대한 차별이 없다면, 죄를 지은 사람이나, 영웅이나 인격이 같다는 말인데 이건 말이 안 된다. 인격이 출중한 사람은 인품이나 인물로 표현되기 때문이다.

가장 진정한 친구

사람만이 친구가 되는 것은 아니다. 물과 바람 그리고 태양과 흙은 이 세상에서 유일한, 가장 진정한 친구이다.

자신을 이기려는 것

자신을 이기려고 하는 것은 어떤 한계를 극복하려고 하는 것이 아니라, 자신의 마음으로 생각을 지배하기 위한 노력인 것이다.

* 생각의 영향으로 마음이 형성되고 생각의 깊고 얕은 수준이 '마음 그릇'의 크기로 형성된다. 하지만 마음 그릇이 크면 어떤 일을 처리함에 있어서 생각의 단계를 뛰어넘어 쉽게 처리할 수 있는 판단기준이 서게 된다. 그리고 한계를 극복하려고 노력하는 것은 어디까지나 끊임없는 자기 발전을 위한 일인 것이다.

호흡과 생각

숨을 쉬는 호흡은 아무나 할 수 있는 자동이지만, 가슴호흡, 복식호흡, 단전호흡 같은 간단한 기술도 필요로 하게 한다. 생각하는 것은 에너지 소비를 통한 수동이라 할 수 있으며, 아무나 쉽게 생각할 수 있는 간단한 생각이 있고, 또 얄팍한 생각도 있으며, 그리고 아무나 할 수 없는 복잡한 생각과 심오하게 깊은 생각도 있다. 호흡과 생각은 상호 교류하는 관계이며, 큰 숨 한 번에 생각이 맑아질 수도 있는 것이다.

인생의 사소한 문제

장기적이고 희망적인 인생을 잘 엮어가려고 한다면, 인생의 사소한 부분의 문제라도 아주 깊게 생각을 할 줄 알아야 한다.

인생은 1

인생은 만들어 가는 예술이 아니라, 가치를 찾아 떠나는 멀고도 긴 여행이다.

어디로 가느냐

인생은 어디서 왔으며, 어디쯤 머물다가 그리고 또 어디로 가는가? 여기에서 중요한 것은 '어디로 가느냐'가 되어야 한다.

夢(몽)

잠을 자면서 꿈을 꾸게 되는 것들은, 대부분 평소에 그 무엇에 대한 불만스런 마음, 또는 간절했던 것들이 뇌 속에 잠재되어 있어서 꿈으로 나타나는 것이다.

불평과 만족

똑같은 몫을 놓고서도 불평하는 사람들은 불행의 길로 가게 되고, 감사하며 만족하는 사람들은 행복의 길로 이어진다.

반 컵의 물

반 컵의 물을 보고도 "반만 차 있네", "반이 비었네", "반씩이나", "반밖에 없네" 등 다양하다. 이렇듯 어떤 사물을 어떻게 바라보고 느끼는지는 자기의 역량이고 또한 그로 인해 발생되는 모든 문제는 스스로 책임을 져야 하는 것이다.

행복은 조건이 없다

행복은 조건이 있는 것이 아니다. 행복을 느끼는 감정에는 조건 따위는 없어야 한다.

꿈

꿈을 이루기 위해 열정의 노력을 쏟는 것은 경제적인 여유와 명예를 얻기 위함이며, 세상을 아름답게 바라보는 여유로운 마음을 가지기 위한 것이다.

생각과 마음의 상태

사람이 하는 일이라면 이루지 못할 일이 없겠지만, 가능한 일과 불가능한 일의 추진과 포기의 구분은 생각의 차이와 마음의 상태에 의해서 결정된다.

인생 참고서

나이를 먹어서도 호흡이 가능하다. 그렇듯 존재하는 것만으로 인생이라고 말할 수는 없다. 인생은 좋은 생각과 감동적인 느낌 그리고 삶의 가치가 있어야 한다.

명상어록

마음은 1

흔히 가끔씩은 "마음을 내려놓아라" 하는데, 마음은 내려놓아야 할 짐이 아니다. 마음은 당신의 생각수준을 알아볼 수 있는 바로미터이다.

둘 다 소중하다

기억의 힘과 망각의 혜택은 둘 다 소중하며, 삶의 활력소가 되는 꼭 필요한 산소 같은 역할을 한다.

버려야 할 것들

오만과 편견 그리고 교만심과 아집. 사람다운 사람으로 살아가려면 이런 것들은 버려야 할 것들이다.

정당성과 합리성

정당성이 없다고 해서 합리적인 면이 없다고 단정 짓지 마라. 때로는 정당성보다는 합리적인 면이 우선일 때가 있는 것이다.

돌부리

길에 한 개의 돌부리가 있다 하여도 경우에 따라서는 디딤돌이 될 수 있고, 걸림돌이 될 수도 있다.

인생은 2

인생은 주어진 환경의 여건에 의하여 스스로의 길을 만들어 가는 것이다.

담금질의 도구

고난과 역경, 괴로움과 슬픔. 이러한 장애들은 사람을 사람답게 만들어 줄 고마운 담금질의 도구로 생각하라.

순박함

순박한 사람에게 자주 물어 보라. 개중에는 스승보다 더 훌륭한 지혜를 얻을 수 있을 것이다. 순박함은 바로 그 자체가 지혜의 寶庫(보고)이기 때문이다.

행복의 존재

꽁꽁 얼어붙은 땅 속에도 행복의 씨앗은 숨을 쉬고 있다. 그것이 언제 싹을 틔울지 모르고 있을 뿐이다.

무엇의 고민보다는

무엇을 하느냐의 고민보다는 무엇의 정해진 목적을 향해 나아가고 있느냐가 더 중요하다.

아는 것과 느낌표

아는 것이 많다는 것은 표현력에서 자유로워지고, 가슴에 축적되는 느낌표는 이해의 측면에서 자유롭다.

꿈이라서

견디기 어려웠던 과거의 일이 달콤한 추억으로 새겨지는 것은, 인간은

명상어록

꿈을 향해 살고 또 지나간 것은 모두 꿈이요, 다시 되돌아갈 수 없기 때문이다.

이성과 감성의 상호작용
이성과 감성의 상호작용이 사람 됨됨이를 완성하여 가고, 좋은 운명으로 살아가게 한다.

소중한 자원
인생에서 한계가 없는 깊은 생각은 자기 스스로를 발전시키는 소중한 자원이다.

고통과 괴로움
고통과 괴로움에 너무 마음 아파하지 마라. 누구나 다 겪는 것이며 시간이 지나면 다 괜찮아지는 것들이다.

더 큰 죄악
배움이 없는 것은 죄악이지만, 올바른 생각이 없는 행동은 더 큰 죄악이다.

느낌
사물에 대한 느낌이라는 것은 이해의 상징성에서 발생한다.

희망의 상상

가슴에 간직한 희망을 향한 상상의 나래는 곧 즐거움이자 행복이 되는 것이다.

지혜의 발출

진솔하고 깊은 생각은 지혜가 발출될 수 있는 유일한 통로이다.

창의적인 발상

지식의 틀 안에 갇혀 생각이 자유롭지 못하면 창의적인 발상은 결코 발생하지 않으며, 다양하게 응용할 수 있는 생각의 자유로움이 창의적인 발상의 바탕이 된다.

스스로의 철학

보편적인 생각보다 좀 더 깊이 생각할 줄 아는 습관이 되면, 당신의 인생을 좋게 지탱해 줄 스스로의 철학이 생기게 된다.

성장의 밑거름

당신의 뜻과 다른 의견을 내는 사람들은 당신의 성장을 도와주는 좋은 밑거름이 되는 고마운 사람들이 되는 것이다.

슬픔의 눈물을 멎게 하는 것

슬픔의 눈물을 간직한 사람은 이런 생각을 가져 보세요. '다른 이들을 아름답게 사랑해 줄 수 있는 방법은 어떤 게 좋을까?' 이 생각에 빠져 들면 슬픔의 눈물은 멎게 되겠지요.

깊은 사고

생각의 깊은 思考(사고)는 눈에 보이지 않는 사물을 꿰뚫어 볼 수 있는 눈을 갖게 한다.

치매예방

계속 흐르는 물이 썩지 않듯이 사람도 생각이 많은 두뇌는 치매에 잘 걸리지 않는다.

미래지향적

미래지향적인 생각을 갖고 사는 게 좋은 것인데, 대부분의 사람들은 미래지향적이 아니고 과거의 기억에서 자유롭지 못한 불안한 존재들이다.

기쁨과 슬픔

자기의 존재가치를 빛내 줄 대상이 있는 것은 기쁨이며, 사랑하는 것들의 대상에서 멀어짐과 상실감은 슬픔이며, 슬픔의 망각 없이 계속 殘存(잔존)하고 있는 상태라면 기쁨을 느끼는 감성을 갖기에는 무척 어려운 상태가 된다.

잊어야 할 기억

잊어야 할 기억을 지우지 못하고 살아가야 하는 고통은 불행한 일이 되는 것이다.

사랑과 망각

사랑의 힘과 망각의 힘, 이 두 가지는 사람이 누릴 수 있는 최고의 축복이다.

타성에 머물지 마라

타성에 머물러 생각의 성장이 없는 것은 얼마 지나지 않아 비극의 현실이 될 수 있다.

삶과 죽음에 대한 애환

기억에 남아 있는 죽은 사람을 살아 있는 것처럼 생각하고, 눈에 보이지 않는 살아 있는 사람을 죽은 사람으로 생각하면 삶과 죽음에 대한 애환 따위는 아무것도 아님을 알게 된다.

위대함의 탄생

이 세상 모든 위대함의 탄생은 긍정적인 생각이 바탕이 되었기 때문이다.

긴 시간의 망상

긴 시간의 망상을 즐기는 것은 결코 바람직한 것이 아니다. 스트레스 해소라는 좋은 면이 있지만, 움직이는 활동이 거의 없는 관계로 건강상의 무기력증에 빠져드는 나쁜 면을 동시에 지니고 있다.

자신의 채찍질

항상 경쟁 상대가 있다는 것을 뼈저리게 느끼고 있는 그 자체가 자신을 발전시킬 수 있는 채찍질이 될 수 있는 것이다.

돈의 명분

돈이란 삶의 민생고 해결에 꼭 필요한 것이며, 마음의 자유를 얻기 위함이요 또 자신의 품위유지를 위해 필요한 것이다. 돈을 좋은 곳에 쓰게 되면, 이는 자기의 업을 지우는 공덕을 쌓는 것과 같은 것이 되는 것이다.

혼자라는 것의 참의미를 깨달으면

혼자라는 것의 참의미를 깨닫게 된다면 혼자 있을 때 더 이상 고독이나 외로움 따위의 불필요한 감정들은 느껴지지 않게 된다.

자기반성 2

좋은 인생의 삶으로 가는 길은 그동안 살아왔던 잘못된 삶의 자기반성에서부터 시작된다.

등불 같은 생각

합당한 결과를 찾기 위한 좋은 생각은 자기가 나아가는 앞길을 밝혀주는 등불과 같다.

건전한 생각

건전한 생각의 범위가 많아지면 많아지는 것만큼 당신의 존재가치는 상승하게 되는 것이다.

과학적인 생각

과학적인 생각이란 밝은 생각이며, 배움의 생각이며, 의로운 생각이며, 세상을 편안하게 유지시키는 원동력이 되는 합리적인 생각이다.

몰입의 행복

이루어야 할 그 무엇을 향해 꾸준히 몰입하는 정신상태가 지속되면 그 결실이 맺어지기까지 그대는 항상 희망의 행복 속에 젖어 있는 것이 된다.

여자들이 나쁜 남자에게 잘 걸려드는 이유

여자들이 나쁜 남자에게 잘 걸려드는 것은 남자의 속마음을 잘 읽을 줄 모르며, 키 큰 남자, 잘생긴 남자, 돈 많은 남자 그리고 외양 모습에 판단 기준을 두기 때문이다.

눈치가 빠른 사람

눈치가 빠른 사람들의 특징은 사물에 대한 깊은 생각이 거의 없으며, 편협 된 사고방식에 의한 실수를 가끔씩 하게 된다.

마음

4

마음

마음의 실체

사는 것의 모든 실체는 마음이요, 마음의 변화에 따라 행복이 불행이 될 수도 있고, 불행이 행복이 될 수도 있는 것이다.

마음 비움의 의미

누리고 있었던 문화생활의 편리함이 사라지게 되면, 누리지 않고 있었을 때보다 불편함의 억울함은 시련이 된다. 마음을 비워 집착에서 벗어나면, 억울함의 시련과 부정한 일 등에 신경을 쓸 일이 없어진다.

마음의 그릇 1

네 마음의 그릇을 크게 만들어라. 마음 그릇이 큰 사람들치고 나쁜 운명으로 살아가는 사람은 없다.

마음과 인생

마음에서 나온 열망의 뜻을 마음으로 받아들이지 못하는 사람들은 인생을 잘못 살아가고 있는 것이다.

마음 다스림

마음을 잘 다스린다는 것은 자기 관리를 잘하고 있다는 것이요, 자기 관리를 잘하고 있다는 것은 건강유지와 인격 관리를 잘하고 있다는 것이다.

마음의 눈

사물의 실체를 환히 내다볼 수 있으려면 마음의 눈으로 사물을 대하는 법을 알아야 한다.

감사하는 마음

모든 범사에 감사할 줄 아는 마음은 자기에 대한 사랑이며, 올바른 삶을 살아가는 방법이며, 행복지수의 상승이며, 가장 기초적인 덕목이다.

마음의 성장

자연 풍경을 아름답게 볼 수 있는 안목을 가지게 되면, 그대 마음이 상당히 성장해 있다고 보면 된다.

마음의 그릇 2

마음 그릇이 작은 사람은 탐욕과 집착에 강하고, 마음의 그릇이 큰 사람은 어느 것에나 욕심이 거의 없으며, 재물보다는 올바른 정신을 중요시한다.

고요한 마음

고요한 마음은 모든 마음을 다스릴 수 있는 근본이 되며, 자기의 영혼을 살찌우게 한다.

* 고요한 마음 : 변화가 없는 상태의 우주 중심에 있는 듯한 마음
* 조용한 마음 : 변화를 느낄 수 있는 마음이지만 움직임 없이 침묵하고 있는 마음
* 침묵의 마음 : 각 감정의 표현을 해야 되지만 애써 참고 있는 마음

생각과 마음

어떤 사람이든 자기의 생각과 마음의 영향에 의해 좋은 사람이 되거나 나쁜 사람이 될 수 있는 것이다.

삶의 마음

산다는 것은 불편함의 연속이지만, 마음을 비우거나 마음을 이겨내는 법을 터득하면 삶은 편안해 진다.

집중하는 마음

학습의 효과나, 일의 능률에서나 집중하는 마음이 없으면 소용이 없다.

두뇌와 마음

두뇌에서 생성된 생각과 진정성의 진실한 마음의 표현에서 어느 쪽이 더 값어치가 있는가는 이미 답이 정해져 있다.

* 마음속에 느낌표가 많이 축적되어 있어야 생각 또한 깊어질 수 있는 것이다.

성숙된 마음

괴로움이나 갈등을 이겨내는 능력은 성숙된 마음을 지니고 있어야 가능하고, 성숙된 마음이란 곧 마음의 평화로움과 직결되는 것이다.

마음은 2

생각으로 마음을 다스리지 못하면, 마음은 곧장 몸의 요구상태에 따르는 노예가 된다.

마음의 그릇 3

마음의 그릇이 큰 사람은 특별한 것보다는 일상적인 것에 더 관심을 두고 있다.

마음의 깊이

어떤 급박한 소요상태에서도 깊은 마음은 동요하지 않고 차분하게 행동하지만, 얕은 마음은 정신을 제대로 차릴 수 없게 된다.

마음속에는

당신의 마음속에는 천사와 악마 그리고 훌륭한 스승과 못된 선생, 또 개척자와 정신병자가 함께 들어앉아 있다. 선택의 운명은 당신이 결정한 방향으로 갈 뿐이다.

삿된 마음

삿된 마음을 품지 않으려면 삿된 생각을 하지 말아야 하며, 삿된 생각을 하지 않으려면 자신을 사랑하고 믿어야 하며, 자신을 사랑하려면 매사에 진실하여야 한다.

마음의 변화

너그럽고 강한 마음은 일을 순조롭게 풀어갈 수 있고, 옹졸하게 위축된 마음은 잘되는 일도 망치게 한다.

마음은 항상 닦아 두어야

마음은 항상 잘 닦아 두어야 언제라도 나쁜 길로 빠지는 것을 방지할 수 있다.

행복 그리고 마음

행복함을 위하고자 하는 마음은 조급한 마음으로 나타나고, 행복함을 필요로 하는 마음은 노력하는 마음으로 나타나고, 행복함을 누리고 있는 마음은 게으른 마음으로 나타나고, 행복함을 찾기 위한 마음은 고독한 마음으로 나타나고, 행복함을 모르고 사는 마음은 무식한 마음으로 나타나고, 행복함을 잃어버렸다고 생각하는 마음은 고민하는 마음으로 나타나고, 행복하다고 느끼고 있는 마음은 즐거운 마음으로 나타난다.

마음

악한 마음은 스스로의 올가미가 되고, 생각이 없거나 부족하고 착한 마음은 '바보인생'으로 흘러가는 것이다.

투명한 마음

마음이 투명한 사람은 일의 처리를 투명하게 할 것이고, 일의 처리가
투명하지 못한 사람은 마음이 깨끗하지 못해서 그런 것이다.

속마음

속마음을 따로 두지 않고 하나의 열린 마음으로 사는 게 삶이 편안해
진다.

마음의 평화

갈등을 이겨내는 능력은 마음을 비우는 것에서 생기며, 여기에서 마음
의 평화가 찾아든다.

마음의 결정

생각을 하여 마음의 결정이 있어도, 기다려야 할 상황의 시간이라는 공
간은 마음의 결정을 갉아먹는다.

따뜻한 마음

자기보다 남을 더 배려할 줄 아는 따뜻한 마음이 없는 사람들은 나쁜
사람에 속하는 편이다.

행복의 실체 1

기쁨을 느끼는 것을 행복이라고 생각하고 살아가는 사람들은 행복의
실체가 뭔지 모르고 살아가는 셈이다. 행복의 실체는 언제나 당신의 몸속

에 조용히 들어앉아 있는 것이다.

행복의 실체 2

사물의 모든 면에서 이것은 나의 행복이라고 생각하는 사람이라면, 절망적인 상황이 다가와도 희망적인 상황으로 바꿀 수 있게 된다.

어떤 결심

좋은 뜻의 어떤 결심을 하게 되는 것은, 그 목적이 이루어졌을 때의 희열에 찬 기쁨의 맛을 알기 때문에 좋은 결심을 하게 되는 것이다.

마음고생

힘든 육체적인 고생보다는 마음고생 심한 것이 사람을 더 무기력하게 한다.

* 성격이 이상하다고 느껴지는 사람이 가까이 있을 때는 되도록 빨리 피해 버려라.

청소

깨끗하게 청소하는 행위는 자기 자신의 마음의 때를 씻어내는 마음 수양이라고 여겨라.

하루에 3번 이상

여유로운 마음으로 삶을 살고 좋은 운명의 인생으로 살아가려면, 하루에 적어도 3번 이상 감사하는 마음이 있어야 한다.

돈에 의한 악마들

돈에 마음을 뺏긴 사람들은 하나같이 다 악마와 같은 사람이 되는 길을 가게 된다.

하늘을 닮다

고개를 들어 하늘을 자주 바라보는 습관이 들게 되면, 자기 자신도 모르게 마음은 맑은 하늘을 닮아 간다.

사상누각

마음이 올바르게 곧지 못한 사람이 소유하고 있는 재물은 모래 위에 세운 사상누각이나 같은 것이다.

헛살았다

머리에 지식만 성장하고 가슴에 마음이 성장하지 못했다면, 당신의 인생은 헛살아 온 것이나 다름없다.

꿈과 희망

꿈과 희망은 둘 다 밝은 장래를 바란다는 의미의 마음이다. '꿈이 결실을 맺고 있다'의 말은 곧 넉넉하게 쓸 수 있는 돈이 생긴다는 뜻으로 금전적으로 자유로워진다는 말이며, '희망을 갖는다'의 말은 자기 인생에서 이루어 놓고 가야 할 일을 마음에 새겨 놓는다는 뜻이므로 희망이라는 말은 금전적인 여부와는 관련이 없는 말이 된다. 고로 돈이 많은 사람들은 어떤 희망은 가지되 꿈은 가질 수 없게 되는 것이다.

명상어록

마음먹기

마음먹기에 따라서는 성공한 인생을 망쳐버릴 수도 있고, 실패한 인생을 성공의 인생으로 탈바꿈할 수도 있다.

못 살 이유 없다

세상이 각박하고 살기가 어렵더라도 스스로 목숨을 끊는 우를 범하지 말라. 목숨을 끊을 그 정신, 그 정성이면 삶을 살아나가지 못할 이유는 없는 것이다.

* 내가 만약 이 말을 모르고 있었다면, 내 나이 마흔세 살에 이미 세상을 하직했을 것이다.

자기 최면술

어떤 일을 마주할 때마다 '나는 능력 있는 소중한 사람이다'라고 자기 최면술을 걸어라. 그리하면 지나가는 시간은 그대에게 위대한 시간이 될 것이요, 결국에는 모두의 인정을 받는 무척 좋은 사람으로 변해 있을 것이다.

연계에 의한 마음

정성이 깃든 곳엔 감사함이 따르고, 성의가 있는 곳엔 사랑이 숨을 쉬고, 열정이 있는 곳엔 감동이 존재한다. 만약, 마음에 허위가 있게 되면 감사함과 사랑과 감동은 존재할 수 없게 된다.

천성

타고 난 천성은 죽는 순간까지 간직하고 가야 하는 성격을 지니고 있다. 설령 삶을 살면서 자라 나가는 환경이 천성을 잊게 할지라도 살아가다 보면 본래대로 되돌아가는 것이 천성이다.

성장의 기회

마음이 성장할 수 있는 기회는 항상 당신 곁에 머물러 있고, 지금이라도 기회가 될 수 있다. 다만 당신이 모르고 있을 뿐이다.

인내의 뿌리

인내라는 본래의 뿌리는 사랑과 희망에서 파생된 존재이다.

맹세

어떤 맹세를 하든지 간에 맹세를 할 때에는 혼자서 神(신)을 두고 하지 말고 여러 친구나 동료들 앞에서 큰 소리로 맹세하라. 이것이 가장 확실한 방법이다.

이상한 동물

욕심과 절제 사이에서 마음의 균형이 무너지면 인간은 상식을 벗어난 이상한 동물이 된다.

여유로움

매사에 여유로운 마음으로 임할 수 있는 생활의 행동은 좋은 삶을 열어

가는 기본 바탕이 되는 것이다.

미련

어떤 일로 인해 발생한 미련이라는 감정을 쉽게 접지 못하면, 그 미련으로 인하여 항상 손해만 볼 일이 발생할 뿐이다. 왜냐하면 미련으로 인한 손해를 본다는 것은 기술적으로 확실하고 주도적인 길이 아닌, 맹목적으로 행하는 추상적인 감정으로 행할 수 있는 마음이 미련이기 때문이다.

신과의 通(통)

깊은 마음에서 우러나는 진실한 언행들은 神(신)에게도 통이 열려 그대로 전달된다.

스승은 따로 있지 않다

세상에서 둘도 없는 훌륭한 깨우침을 얻고 싶은가? 그러면 우선 당신의 마음을 비우는 법을 알아라. 그리하면 깨우칠 수 있는 길이 스스럼없이 보일 것이다.

자기 색깔의 보존

모든 사람에게 고하노니, 이 시대를 사는 사람이라면, 절대로 순진하지 말라. 그러나 순수한 마음은 꼭 지니고 다녀라.

열린 마음이라는 것

열린 마음이라는 것은 손을 편 손바닥과 같은 것이다. 손바닥을 펴고 있어야 일을 할 수 있고, 박수도 칠 수 있고, 상대방과 손을 잡을 수도 있고, 숟가락도 잡을 수 있는 것이다.

* 마음의 문이 닫힌 사람은 손을 오그려 쥔 주먹과 같은 것이다.

나이를 먹더라도

청춘의 나이를 지나 나이를 먹을수록 포기하는 것이 많아야 한다는 것은 마음을 점차 비워 영혼을 정갈하게 유지하라는 뜻이지 그대의 소망과 희망을 함께 포기하라는 것이 아니다.

자충수

자충수에 얽인 사람들의 인생 말로는 비극으로 끝날 수 있는 공산이 크다. 이를 조금이라도 피하고 싶다면, 매사에 신중하게 생각하고 모든 면에서 거짓된 마음이 없어야 한다.

어느 쪽을 택할 것인가

그대의 가슴속에 존재하는 천사와 악마 중 그대는 어느 쪽을 택할 것인가? 신은 그대에게 천사를 선택하라고 하신다. 천사는 희망을 이루어 주는 끈의 역할을 담당하고 있으니까.

새옹지마

새옹지마의 덫에 빠져들지 않으려면 마음의 욕심을 버리고 믿음과 의심의 영역에서 벗어나 중정을 잃지 않고 있어야 한다.

마음의 불협화음

나를 방해하는 것은 다른 사람들 때문이 아니라 나의 마음에서 불협화음이 발생하기 때문이다.

희망을 갖고

항상 희망을 갖고 살아라. 희망은 인생을 열어가는 힘이 되고, 생명의 불꽃이 되기 때문이다.

진실로 통하라

마음이 항상 편안하게 있으려면 모든 곳에 진실한 마음으로 통하라.

마음속에 밝은 빛을

마음속에 밝은 빛을 두고 있는 사람은 다른 사람들을 헤아려 볼 줄 아는 혜안이 생기게 된다.

마음의 밝은 빛

마음을 잘 다스린다는 것은 내 안에 밝은 빛을 두기 위함이다.

희망을 가져라

희망을 소유하고 있는 자는 좌절과 절망을 극복할 수 있는 힘을 가진 거와 같다.

일이 잘 풀리려면

하는 일이 잘 풀리기를 원한다면 마음을 활짝 열어 두는 법을 알아야 한다.

느낌표 2

마음에 느낌표가 없다면 가슴으로 말할 수 없다.

진실을 알려면

소박한 마음으로 대상을 보게 되면 진실을 깨달을 수 있다.

용기와 두려움

용기가 충만 되면 두려움은 없어지고, 용기가 없게 되면 두려움은 커진다. 용기의 충만은 희망의 길이고, 두려움의 크기는 죽음의 길이다.

자존심 1

자존심이란 은혜든 원수든 받은 만큼 되갚아 주려는 마음, 그 이상 그 이하도 아니다.

* 자존심 : 남에게 굽히지 않고 스스로의 가치나 품위를 지키려는 마음(국어사전)

자신감

할 수 있다는 자신감을 가져라. 그 속에 어떤 목표든지 성취할 수 있는 길이 있다.

명상어록

기적

실수로 인한 큰 상실감이 들어도 포기하지 않고 정면승부로 돌파구를 찾는 용기를 갖는 것은 기적이나 같은 것이다.

교만심

교만심에 젖어 있는 사람은 스스로를 속이고 사는 어리석은 사람이다.

겁과 자존심

겁과 자존심은 적당히 지니고 살아야 하며, 많거나 없거나 너무 지나치면 탈이 난다.

눈으로 보는 것

보이지 않는 것의 숨은 실체를 제대로 볼 수 있으려면 禪定(선정)의 心眼(심안)을 지녀야 가능하다.

경계의 마음

습관에 길들여진 안이한 마음과 나태함을 우리는 늘 경계해야 한다.

좋은 운명을 바란다면

세상을 좋은 운명으로 살기를 바란다면 좋고 나쁜 모든 일에 감사할 줄 아는 마음만 가지고 있어도 좋은 운명을 유지하며 살 수 있게 된다.

변할 수 있다

상식 선상에서 사람은 변하고자 하는 마음만 있다면 자기가 변하고 싶은 방향으로 충분히 변할 수 있는 존재인 것이다.

보는 눈이 다르다

마음이 선하거나 좋은 사람은 상대방의 좋은 점만 보려고 애쓰는데, 마음이 나쁘거나 악한 사람은 상대방의 결점만을 찍어내려 한다.

비교의 차이

인생에서 자기의 기준을 남들과 비교하지 마라. 비교의 차이는 교만심 또는 자괴감 같은 좋지 않는 마음들을 갖게 한다.

사람다워지는 조건

사람다워지는 첫째 조건은 양심이며, 두 번째 조건은 염치와 체면과 감사하는 마음이며, 세 번째 조건에서는 자기반성과 효심이 된다.

心氣(심기)

心氣(심기)가 깊은 사람한테는 그 어떤 귀신도 달라붙지 못한다.

은혜와 복수심

은혜와 복수심은 갚는 데 의의가 있으므로 은혜 같은 선한 마음은 선한 세상 속으로, 복수심 같은 악한 마음은 악한 세상 속으로 빠져들게 되는 것이다.

생심, 작심, 결심

생심, 작심, 결심에 따른 몸의 움직임은 각기 다르게 나타나지만, 어떤 필요성에 의해서는 같은 움직임의 행동이 나타날 수 있으며, 이러한 마음에 의한 행동은 신속한 추진력을 갖게 한다.

최면술

최면술사의 도움보다는 스스로 해결하려는 자기 마음의 암시로 더 좋은 효과를 볼 수도 있다.

부끄럽지 않으려면

인생을 부끄럽지 않게 잘 살아가려면, 나쁜 마음의 갈등이나 괴로움을 잘 견뎌내는 마음의 훈련이 필요하다. 아울러 사랑과 배려하는 마음의 행동으로 살게 되면, 부끄럽지 않고 떳떳하고 당당하게 삶을 살아갈 수 있게 된다.

어린아이

좋은 뜻을 세운 결심대로 몸을 다스려서 움직이지 않으면 당신은 철이 없는 어린아이나 다름 아니다.

아름다운 인생

어느 순간 핍박받는 일이 있더라도 항상 어질 仁(인)의 마음으로 살아가면 돌발적인 폭력행사는 나오지 않을 것이요, 참고 사는 참을 忍(인)의 미덕은 아름다운 인생으로 가는 길이 되는 것이다.

행복

'나는 행복하다'는 생각만으로 행복은 아닌 것이며, 행복은 진실한 삶의 인생을 아는 데서 생겨나는 것이다. 기쁨과 즐거움을 느끼는 것은 행복이 아니며, 행복은 조건반사가 아니라 존재 자체에 있기 때문에 감사할 줄 아는 마음만 갖고 살아도 마음은 항상 행복해져 있게 된다.

행복이 있는 곳

마음이 머무는 곳이 아늑한 고향 같은 곳이거나, 아름다운 추억 속이거나, 또한 마음이 다정한 연인에게 가 있다면 그대는 행복이 있는 뜰에 머물고 있는 것이나 같은 것이다.

진정한 행복

진정한 행복이란 발전 가능한 희망을 갖는 것이며, 아름다운 삶을 영위하는 것이요, 여유로움을 갖는 것이며, 더불어 행복해지기 위한 수단이어야 되는 것이다.

착한 사람

착한 사람은 공기가 반쯤 찬 풍선 주머니와 같아서 웬만한 압력의 자극에도 잘 터지지 않는 성격이며, 세상을 무난하게 살아가는 것이어서 좋은 운명의 삶을 살아가게 된다.

차량 안전운전

차를 운전하는 능숙한 기교와 기술이 중요한 것이 아니라, 기본적인 마음 자세가 더 나은 안전운전법이 되는 것이다.

마음의 문

마음의 문에는 겉문과 속문이라는 2개의 문이 있다. 겉문만 열어 놓고 속문은 닫아 두고 있는 사람과 겉문, 속문 다 열어 두고 있는 사람, 겉문 조차 닫아 두고 있는 사람이 있다. 이 중에서 겉문과 속문을 다 열어 두고 살아가는 사람은 순박한 자연에 가장 가까운 사람이 되는 것이며, 언제나 神(신)이 함께하는 사람의 부류에 속하는 것이다. 이는 좋은 운명의 길로 살아가고 있는 것이다.

마음의 동화작용

어느 평범한 사람의 좋은 행동을 항상 보면서도 마음에 느낌도 없고, 마음의 동화작용도 없는 사람들은 생각의 개념이 없거나 희박해서 그런 것이고, 또한 마음의 문을 꽁꽁 닫고 살아서 그런 것이다.

마음의 역할

'마음을 곱게 쓰라.' 이 말을 아침마다 한 번씩 각인시키다 보면, 마음이 당신의 인생에 어떤 역할을 하는지, 어렴풋이 짐작이 생기고, 결국에는 확고하게 알게 될 것이다.

마음 다스리기

스스로의 마음을 잘 다스리는 것은 많은 책을 읽는 것보다 더 중요 하다.

의식, 주관

5

의식, 주관

주인의식 1

올바른 주인의식의 고취는 마음 수양의 촉수가 되고, 인생을 당당하게 사는 바탕이 되고, 다른 사람들과 상생하며 더불어 사는 길이 되고, 밝은 사회를 지향하는 지름길이 된다.

주인의식 2

올바른 주인의식이 없는 사람들은 사물에 대한 올바른 견해를 절대로 피력할 수 없게 된다.

주인의식 3

올바른 주인의식이라 함은 공동의 것이나, 다른 사람의 것이나, 나라의 것이나, 내 것처럼 소중하게 여기는 마음을 말하는 것이다.

주인의식 4

갑과 을의 2분법에 길들여지면 올바른 주인의식이 뭔지 전혀 알지 못하게 된다.

기본 의식

마음에 기본 의식이 없는 사람들은 아무리 잘 배워도 살아가는 모습의 인간성은 질이 나쁜 생활을 하게 되고, 저질 인생으로 살 수밖에 없다.

* 기본 의식이라 함은 감사, 사랑, 배려, 용서, 화합, 근검절약, 질서, 양심, 책임, 의무 등등

올바른 의식

올바른 의식을 갖기 위해서는 항상 책을 가까이 하고, 양심을 지키고, 명상을 자주 해야만 한다.

자기 주관

올바른 자기 주관을 가질 수 있다는 것은, 확고한 의식체계가 수립되어 있다는 것이며, 모든 사물에 대해 바로 볼 줄 아는 안목을 지니고 있다는 것이다.

세상의 주인

이 세상을 살고 있는 당신이 세상의 주인이다. 당신의 능력이 출중하다면 잘못된 세상의 기틀도 바꿀 수 있다.

인생 가치관

사람들마다 지향하는 인생의 가치관은 다르겠지만, 목표를 두고 사는 인생이라면 우선적으로 의미가 있고, 비중이 큰 인생 가치관을 마음에 담을 줄 알아야 한다.

명상어록

* 인생 가치관의 종류들 : 명예, 명성, 인격, 인품, 예술, 건강, 직위, 의리, 사랑, 화합, 협동, 돈과 재물, 여행(입맛 기행, 세계여행, 영상취재 여행, 견문여행, 관광여행 등), 일 (농업, 공업, 상업, 어업, 임업, 자영업 등), 학문 탐구, 발명, 종교, 모험, 올림픽 국가대표, 음악, 미술 등의 예술인, 작가 등 수없이 많음. 제일 미미한 인생의 가치관은 돈과 재물에 대한 욕심이다. 왜냐하면 돈과 재물은 인생 가치관의 의미가 아니라 삶의 수단이기 때문이다.

소명의식

단 한 가지만이라도 소명의식을 가지고 살고 있는 사람이라면 자신의 언행에 항상 신중할 수밖에 없게 되며, 이로 인해서 스스로의 자존감을 높일 수 있게 되는 것이다.

철학의 기반

오는 사람 막지 않고 가는 사람 잡지 않으며, 만남과 이별에 의연하고 집착이 없는 마음은 철학을 일구는 기반이 된다.

어른의 조건

어른이라 함은 그 어떠한 심리적인 갈등에도 발버둥치지 않고, 의젓한 내면으로 잠기며, 꿋꿋한 마음을 유지하며, 스스로를 잘 조절해 나갈 수 있는 심적 능력을 갖게 되는 사람을 일컫는다.

* 발버둥 : 상식의 범위를 벗어난 과잉 표현
* 의젓한 내면 : 의젓하게 대처해 나갈 수 있는 마음상태
* 꿋꿋한 마음 : 항상 한마음같이 中庭(중정)을 잃지 않는 마음가짐

의식수준

올바른 의식수준을 유지하고 있으면 나쁜 사람과의 고약한 악연은 발생할 수가 없다.

주관이 없는 사람들

자기 주관이 없는 사람들은 어떤 사건의 상황에 대해서 주변의 영향력 있는 몇 사람의 주장에 자기 생각도 없이 부화뇌동으로 인한 군중심리에 약할 수밖에 없게 되며, 이는 사회악의 바탕이 될 수도 있는 것이다.

진리

진리의 깨달음은 거울에 비치는 당신의 모습과 같은 것이다. 당신이 거기 없다면 그 거울에 당신은 비춰지지 않는다.

몸소 깨달은 진리

몸소 깨달은 진리는 자기의 몸과 같은 동일한 조건의 존재가 되고, 날개가 되어 깨달은 만큼 마음이 성장하여 자유로운 마음을 들게 한다.

의미 없는 인생

의미 없는 인생은 길가에 풀 한 포기처럼 그냥 살아가는 것이다.

참스승

그 어떤 좋은 스승을 만난다 하더라도 진정한 참스승은 자기 마음속에 있다.

명상어록

자신을 사랑하는 것

자신을 사랑하는 것과 사랑하지 못하는 것의 차이는 원동력을 지닌 보트에 올라타느냐, 아니면 아무런 동력이 없는 썩어가는 뗏목을 타느냐의 차이와 같다.

변화의 주체

당신이 있는 그 자리에 당신을 있게 한 것은 다른 이들이 있었기 때문이지만, 당신의 인격을 변화시키는 주체는 바로 자기 자신인 것이다. 그것이 성공의 삶이 되든, 실패의 삶이 되든 상관없이.

人性(인성) 1

좋은 인성은 교육을 통해서 얻어지는 것이 아니다. 인성은 사람마다 고유의 천성이므로 스스로의 깨달음이 없으면 자기 본래의 인성은 절대로 변할 수가 없다.

사랑의 춤

사랑은 갖가지 형태로 춤을 추고 있지만, 이 중에서 단 한 가지도 제대로 따라하지 못하는 사람들이 있다. 이런 사람들은 돈이 많으면 그것이 최고의 행복인 줄 안다.

神(신)의 보호

神(신)의 보호를 받는 사람들은 모두 제 정신을 가지고 살아가고 있는 사람들이다. 제 정신을 가지고 있지 않은 사람들은 절대로 신의 보호를 받을 수 없다. 왜냐하면 정신은 신과 소통되는 인간의 機關(기관)이기 때문이다.

어린 아이의 순박함

어린 아이의 순박함은 철없는 어른들의 교육 자료로 딱 안성맞춤이다.

끝맺음의 기술

필요한 일에 대해서 시작은 아무나 할 수 있겠지만, 좋은 끝맺음의 마무리는 철저한 자기 책임의식이 있는 자만이 가능하다.

목표 달성에 따른 비중

인생에 있어서 어떤 목표를 설정하고, 달성하고, 여기에서 그 무엇을 얻고, 그 무엇이 되고 하는 것이라면, 우선적으로 자기 인격 상승에 무게의 중심을 두어야 한다.

소크라테스

소크라테스의 "너 자신을 알라" 하는 말씀은 다르게 표현하면, "너의 본래는 돼지가 아니다" 또는 "너의 본래는 나쁜 놈이 아니다"라는 인간 본래의 너를 알아라 하는 말씀과 같은 것이다.

모르면 물어봐라

모르는 것에 대한 궁금함을 물어서 아는 것은 지혜요, 잘 알지도 못하면서 행동하는 것과, 모르는 것에 대한 궁금함을 물어 보지 않는 것은 어리석음이다.

자기 위치의 자리

지식만으로 성장한 사람은 자기 위치의 자리를 지킬 줄 아는 지혜가 없으며, 마음이 성장하여 가슴을 채우고 있는 사람은 자기 위치의 자리를 이탈하는 일이 없도록 하는 지혜가 있게 된다.

진정한 부자

부족하게 살아도 부족함을 모르고 항상 웃으면서 살아가는 그런 사람이 진정한 부자인 것이다. 고로 재물의 부자보다는 사람의 인격적인 부자가 더 나은 것이다.

11조 헌금

주일마다 교회에 11조 헌금을 잘 내는 사람일지라도, 성경의 결정판이 되는 '易地思之(역지사지)'의 사랑을 깨닫지 못하고 사는, 명청한 신도들이 너무 많다는 게 세상을 슬프게 만들고 있다.

시간의 가치 1

가치의 삶을 살려고 노력을 해 온, 그동안의 시간은 당신의 시간 가치를 그만큼 위대하게 만들어 놓은 것으로 보상이 되는 것이다.

선견지명의 발출

사물에 대한 선견지명의 발출은 명석한 두뇌에서 나오는 것이 아니라,

이해심과 포용력 있는 따뜻한 가슴을 지니고 있어야 비로소 생겨날 수가 있는 것이다.

가슴에 불을

성취의 성과를 기대한다면, 우선 그대 가슴에 희망의 불을 지펴라.

자기만의 세상

말이 별로 없는 사람들은 대부분 자기만이 놀 수 있는, 자기만의 세상이 존재하고 있다.

생활형편이 어떠하든

나와 남들과의 비교대조하는 마음은 불행의 시작이요, 생활형편이 어떠하든 목적에 맞는 자기 삶에 충실하면 그것은 행복의 시작이다.

심신미약

어느 누구이거나 왕의 권력자라도 심신미약 상태에 빠져들게 되면 자기에게 일어나는 모든 일이 두려움의 대상으로 다가오게 된다.

행복의 길

성공의 길로 갈 것이냐, 행복의 길로 갈 것이냐의 기로에서 선택을 하게 된다면, 나는 주저 없이 행복의 길을 택할 것이다. 이는 행복의 길이 언젠가는 성공의 길을 열 수 있기 때문이다.

성장

어려운 일을 많이 접할수록 당신 내면의 정신적인 세계는 더 성장한다.

날개

자유자재로 잘 날기 위해서는 자기 속에서 돋아나온 날개로 날아야 한다.

공부

공부는 기억력으로 승패 짓는 것이 아니다. 공부는 오로지 집중력과 노력으로 좋은 결실을 맺을 수 있는 것이다.

본질의 파악

초라하거나, 화려하거나 외형과 규모에 현혹되지 말고 사물을 대할 때는 '본질이 무엇인가?'부터 파악해야 한다.

절망은 없다

살려고 노력하는 자에게 절망은 없다.

자존감

자존감을 높이려 한다면 어렵고 힘든 경험을 많이 겪어야 한다.

사물의 판단

사물을 판단할 때에는 시야를 넓게 가지고, 생각은 보이는 부분에서만

머물지 말고 큰 틀에서부터 시작하라.

너와 나

'너와 나'라는 존재가 다르다는 것으로 알게 되면 욕심이 발생하고, '너와 나'라는 존재가 '우리' 혹은 '하나'라는 것으로 알게 되면 욕심은 사라지고 배려와 양보하는 상생의 미덕이 발생한다.

몰라서 못찾는다

행복을 발견하는 것은 가장 쉬운 것인데도 몰라서 못 찾고 있는 사람들이 수두룩하게 많다.

많이 듣기

많이 듣고 또 들어라. 그리하면 귀도 열리고, 마음도 열리고, 세상을 보는 눈도 달라질 것이다.

작은 희망

작은 희망 하나만이라도 가슴에 간직하고 있다면 보잘것없는 삶이라 할지라도 그대의 삶은 결코 지루하지 않을 것이다.

못난 인생

못난 인생은 열정과 의욕, 감성과 사색이 사라지는 데에서 시작된다.

성공한 인생이란

환경의 조건이 열악한 것에서부터 출발하여 스스로의 힘으로 당당하게 우뚝 설 수 있어야 성공한 인생이라 할 수 있다.

배움 2

무턱대고 배우는 것은 소용이 없고, 배울 때는 확고한 생각을 하고 배워라. 이는 어둡고 위태로운 길을 가지 않게 하기 위함이다.

깊이 알아라

사랑하거나 미워하려면 대상이 되는 당사자에 대하여 깊이 잘 알아야 한다.

가슴으로 많이 느껴라

가슴으로 느끼는 것은 절대 거짓이 없고, 사물의 대상을 정확히 볼 수 있는 기반이 된다.

반성

좋은 삶의 길로 가기를 원한다면, 제일 먼저 자기 반성부터 시작하는 게 중요하다.

책

책은 그대가 뛰어놀고 등을 비벼댈 수 있는 큰 언덕이다.

햇살이 비치다

지나온 것은 모두 꿈이었으며 까만 그림자일 뿐이다. 그대가 어느 길로 가든 햇살은 비치고 있기 때문이다.

대박의 길

새롭고 확신에 찬 마음으로 시작하는 것이 빛이 보이는 대박의 길이 될 수 있다.

티끌

티끌 같은 구차한 것들은 죄다 갖다 버려라. 티끌은 그냥 티끌일 뿐이다.

성공하고 싶다면

가시밭길을 치워 오솔길을 만들 듯, 자갈밭을 옥토의 밭으로 가꾸려는 마음으로 노력의 땀을 흘려야 가능하다.

운명의 판가름

삶의 과정에서 무엇을 배우고, 어떻게 생각하고 성장하느냐에 따라서 삶의 질과 운명이 판가름 난다.

돈이 많은 개념 없는 사람들

돈이 많은 개념 없는 사람들은 잘못된 부분에 대한 충고의 말을 해줘도 귀담아 듣지 않고 '엿이나 먹어라' 하면서 콧방귀 뀌는 자세를 취하는 게 일상에서 자주 드러난다.

지식이 많은 개념 없는 사람들

배운 게 많은 지식인이라도 올바른 생각이 없는 무개념의 사람이라면 배우지 않은 거나 같다.

개념 없는 사람들의 사촌

생활 속에 폐인이 된 사람들은 개념 없는 사람들의 가족이나 사촌 이내의 관계 위치에 있다고 보면 된다.

개념 없는 사람들의 神(신)

개념 없는 사람들에게 있어서 유일하게 믿고자 하는 것은 오로지 '돈'이라는 개념의 '신'뿐이다.

개념 없는 사람들의 단점

'말조심'이라는 말을 천 번, 만 번 귀 따갑게 듣고, 잘못 뱉은 말 한마디가 자기의 목을 찔러도 개념 없는 사람들은 다음에 또 반복하는 실수를 저지르게 된다.

개념 없는 사람들의 마음 그릇

개념 없는 사람들은 마음 그릇이 너무 작아서 기본의식조차도 담아두기 어렵다.

변하고자 하는 마음

변하고자 하는 마음이 없다면 생각조차 바꾸기 어렵다.

이길 수 없을 때

이길 수 없으면 패배자가 되어라. 명분 있게 지는 법을 아는 것도 삶의 지혜다.

물음표와 느낌표

사람의 마음 그릇은 물음표와 느낌표 사이에서 성장할 수 있는 것이다.

무식해서 그렇다

사랑에 의한 진정한 용기는 없고, 만용을 용기라고 생각하는 것은 그 사람이 무식해서 그런 것이다.

좋고 나쁜 느낌의 기억

좋은 느낌의 기억은 좋은 느낌의 일을 불러오고, 나쁜 느낌의 기억은 나쁜 느낌의 일을 불러온다.

무식함의 결정체

무식함의 결정체는 귀신도 때려잡을 만용의 폭력으로 나타난다.

노예의 인생

가진 자나 없는 자나 마음의 여유도 없이 돈만 쫓아 살게 되면 다른 사람의 인생을 대신 살게 되는 노예의 인생이나 다름없다.

* 단 하루를 살다 가더라도 마음에 여유가 있고, 정신이 성하게 깨어 있어야 온전한 자기인생이 되는 것이다.

깨닫는 자

깨닫는 자는 생각의 방향이 철학적으로 변하게 된다.

사람다운 인생

사회적인 가식에서 벗어나 자기의 내면에 충실해야 사람다운 인생을 제대로 살아갈 수 있다.

사람다운 사람으로 존재한다는 것

생각하며 움직이는 행동과 가슴을 적시는 느낌으로 삶을 사는 게 사람다운 사람으로 존재할 수 있는 것이다.

明(명)과 暗(암)

어두운 곳에서는 제대로 볼 수가 없고, 눈을 감고 있어도 밝은 곳은 빛이 있다는 것을 알게 한다.

100년 삶보다 낫다

존재의 가치를 소중히 여기고 행복을 위한 마음으로 살아가면 1년을 살다 갈 운명이라도 의미가 없는 100년 삶보다 낫다.

두려움의 수량

마음의 벽을 허물고 다른 사람과의 소통이 원활한 사람은 세상에 대한 두려움의 수량이 점차 없어지게 되고, 반대로 마음에 벽을 세우고 다른 사람과의 소통에 인색한 사람은 세상에 대한 두려움의 수량이 많아지게 된다.

각 사람들의 다양성

각 사람들은 성격의 다양성을 지니면서도 장점과 단점의 생활적인 면과 정신적인 면을 동시에 지니고 있다.

자극과 반응

자극을 주면 반응은 필수적으로 오게 된다. 자극과 반응 사이의 공간을 발견하지 못하는 사람들은 주인 된 자신의 인생을 살 수 없게 된다. 공간이라는 것은 완충지대 역할에 해당하기 때문이다.

食蟲(식충)이

삶의 의미를 모르고 살아가고 있다면, 그 인생은 食蟲(식충)이나 다를 바 없는 인생이 되는 것이다.

심오한 철학

다른 사람들과 함께 있을 때는 현실적응이지만, 철저하게 스스로 혼자가 되었을 때는 심오한 철학이 되는 것이다. 이는 고독의 번뇌 속에 철학이 숨을 쉬고 있기 때문이다.

무늬

올바른 의식체계로 살아가지 못하면, 눈에 보이는 무늬에 속아 나쁜 사람들에게 이용만 당하는 억울한 일을 겪게 되는 사람이 될 수 있다.

사람을 판단하는 법

사람을 판단할 때는 뚜렷한 자기 소신의 주관으로 상대의 주관성을 꿰뚫어볼 수 있어야 한다.

사물을 잘못 보면

오해와 편견으로 사물을 잘못 보게 되면 그것은 곧장 사회악이 될 수 있다.

人性(인성) 2

세상을 살아가면서 몸에 익은 대로 표현하는 것이 사람들의 습성이며, 습성에 의한 행동은 그 사람의 인성이 되는 것이지만, 인성이라는 자체는 천성이기 때문에 쉽게 변하는 것이 아니며, 살아가는 환경의 영향에서 인성이 좋게 변했다 치더라도 세월이 흐르면 본래대로 돌아가려는 성질이 있는 것이어서 좋은 마음을 잘 유지하지 않게 되면 복잡한 세상살이에서 본래의 나쁜 인성은 나쁘게 돌아갈 수밖에 없게 된다.

배움 3

많이 배운다는 것은 지식에 의한 전문성을 가지기 위함이며, 많이 배운 전문성의 능력을 사랑으로 표출시켜 사회에 공헌하기 위해서는 지혜로운 생각을 갖도록 마음을 써야 한다.

사람 볼 줄 안다는 것
사람을 볼 줄 안다는 것은 사람의 됨됨이를 읽을 줄 안다는 것이다.

종교를 믿는다는 것
종교를 믿는다는 것은 자기성찰의 계기가 되어야 하며, 궁극적으로는 진실한 삶과 진정한 자아를 찾아가는 길이 되어야 하는 것이다. 자아를 찾게 되면, 결국 자기 자신이 사랑 그 자체라는 것을 알게 된다.

죽음에 대한 두려움
삶과 죽음을 하나의 연관성으로 통찰하며 죽음에 대한 두려움을 느껴본 사람들은 값진 인생을 열어갈 수 있는 마음들이 사라지지 않게 된다.

나쁜 운명
人間事(인간사)에 발생하는 각종 좋지 않는 일들을 겪는 사람들은 올바른 의식개혁을 통한 사고방식이 바뀌지 않는 한, 좋지 않는 일들을 죽는 순간까지 끌어안고 살아가야 하는 운명이 되는 것이다.

말에 대한 현혹
말하고 있는 사람의 말에 현혹되지 말라. 우리가 알아야 할 것은 말하는 사람의 내면을 알아야 하는 것이다. 이는 거짓말쟁이들이 말을 본새 있게 더 잘하기 때문이다.

이분법적인 의식의 사람들

이거다 저거다, 맞다 틀리다 하는 이분법적인 의식에 길들여진 사람들은 지혜로운 생각들이 없게 되고, 지식을 쌓더라도 자기밖에 모르는 사람으로 변하게 되고, 편견과 독선, 자만심과 교만, 사리사욕을 위한 집착, 아집에 의한 소통의 부재 같은 나쁜 생활 습성에서 벗어나지 못하는 어리석은 사람들이 될 뿐이다.

말과 행동

6

말과 행동

글, 말

好筆明我 多言必禍(호필명아 다언필화). 좋은 글은 나를 밝게 하고, 말이 많으면 꼭 화가 생긴다.

명언의 탄생

한 사람의 주관적인 견해의 말 한마디가 의심의 여지가 없는 객관성을 보이면, 그 말은 곧 명언이 되는 것이다.

말보다는 마음

불필요한 말들을 많이 하지 마라. 말이 적으면 적을수록 생각은 많고, 마음은 더 커지는 법이다.

틈(말) 1

입에서 뱉은 말은 그 사람의 인격수준을 나타내고, 한 번 뱉은 말은 그 사람의 날개가 될 수도 있고, 스스로 걸려드는 올가미가 될 수도 있다.

言(말) 2

입으로 쏟아내는 말 중에는 말이 되는 말이 있고, 말이 안 되는 말도 있다.

말이 많은 사람

평소에 말이 많은 사람치고 마음의 눈으로 대상을 볼 줄 아는 사람은 거의 없다.

변명과 해명

변명은 올바른 삶의 도리에 어긋나는 행위요, 해명은 올바른 삶의 도리를 지키는 행위다.

거짓말의 특성

거짓말을 하게 되면 그 거짓말의 정당성이 나오도록 계속 거짓말을 하게 될 뿐이다. 그러나 결과는 더 악화되어 자기를 스스로 옭아매는 상황만 생기게 된다.

話術(화술)

화술은 변화무쌍해서 말을 하는 사람들은 말의 眞意(진의)를 분명히 하여야 하며, 신중하지 못한 화술은 자신의 목을 찌르는 칼이 될 수 있다.

辱(욕)의 파급력

욕은 가장 짧은 말로 가장 강력한 영향력을 발휘한다. 그러므로 욕을 할 때에는 아주 신중히 생각하고 해야 한다. 그냥 기분이 나빠서 뱉는 욕은 당신의 영혼이 병들어 있음이다.

건방진 언행

건방진 말과 행동을 하는 사람들은 仁 · 義 · 知 · 禮(인 · 의 · 지 · 예)를 모르는 못난 사람임을 스스로 밝히는 것과 같다.

진실과 허위

진실한 사람은 남에게 허위로 대하지 않게 되고, 또한 몸소 겪는 모든 것은 자기의 책임이라고 여긴다.

욕설

욕설을 내뱉는다는 것은 자존심을 지키려는 창끝의 뾰족한 촉과 같고, 못된 인간들을 향한 경종을 울려주기 위한 강력한 언어에 해당한다.

* 못된 인간들의 입에서 튀어나오는 욕설은 불만족스러운 대상에 대한 악마의 저주와 같은 것이며, 영혼이 병들어 있음이다.

피해의식을 가진 사람

피해의식에 사로 잡혀 살아가는 사람들은 올바른 의식을 가지고 있는 사람들이 별로 없으며, 이런 사람들을 상대해야 할 상황이 오면 극히 말조심을 하는 게 최선책이다.

착한 사람의 분노

사람의 마음에는 선과 악이 공존하고 있으며, 착한 사람이 대단히 화가 났을 때는 진짜 무서운 사람이 될 수도 있다.

소인배 수준

상대방의 잘못된 요구에 옳고 정당하고 합리적인 면을 내세울 때 친절하게 설명할 줄 모르는 사람들은 자기 위주의 생활로 인해서 인격이 소인배 수준이기 때문에 그런 것이다.

辱(욕)의 채찍질

행동과 예의가 바른 사람이 아주 나쁜 사람에 대해 비난과 욕을 하는 것은 나쁜 행동을 하지 않겠다는 자신에 대한 채찍질과 같은 것이다.

행실

당신이 취하는 행실의 태도가 하는 일의 성공과 실패를 좌우한다.

어린 시절의 기억 1

어린 시절에 배운 앎은 불가사의하게 어른이 되어도 결코 잊히지 않는다.

명성에 의한 행복

재능이든 실력이든 이미 알려진 당신의 명성은 당신을 행복하게 해 주는 것이지만, 스스로 인격을 돌보지 않는다면 모든 것이 '물거품 행복'이 되고 말 것이다.

약속의 이행

사소한 약속이라도 약속의 이행을 잘하는 사람은, 겸손과 이해와 사랑과 감사함과 인격이 총체적으로 어우러진 착한 마음의 바탕을 지니고 있는 것이다.

추하게 보인다

목표를 달성하기 위한 노력을 하더라도 그 과정에서 거짓된 마음으로 조작하지 마라. 추하게 보일 뿐이다.

때로는 과감하게

상황에 따라 때로는 과감해져라. 과감하지 않으면 얻을 것이 없다.

운명의 실체

당신의 습관과 성격에서 우러나오는 행동 그 자체가 바로 당신의 운명이다.

비난 소리

남들로부터 비난의 소리를 듣지 않으려면 마음을 곱게 쓰고, 언행을 바르게 하고, 자기의 책임을 다할 줄 알아야 한다.

작은 실천

좋은 뜻을 따르는 작은 실천이 삶의 흐름을 완전히 바꿀 수 있다.

자기를 망치는 도구

오만과 편견 그리고 자만심은 자기를 망치게 하는 도구에 지나지 않을 뿐이다.

고운 언어만 쓰는 사람

마음에 고운 언어들만 채우고 사는 사람들은 자기의 사회적인 가치는 상승될지라도 인간적인 삶의 보편적인 면에서는 맛이 없는 사람들이 되는 것이다.

소문을 경계하지 못하면

남의 입을 통해 듣는 소문을 경계하지 못하면 큰 낭패를 볼 수 있는 일이 생길 수 있다.

본능의 행동

이성적인 것보다 본능에 의존하여 우선적으로 행동하는 사람들은 짐승이나 다를 바 없다.

불의한 배신

불의한 배신행위는 어리석은 바보들이나 하는 짓이며, 운명을 건 도박행위와 같다.

명상어록

자신을 사랑한다면

남과의 시시비비 분쟁에 말려들지 않도록 하려면, 주변 관심사에 대한 언행을 조심해야 한다.

자존심 2

"나는 자존심이 센 사람이다"라고 말하는 사람들은 세상의 이치 및 물정에 어두운 사람들이다.

장기 게임의 훈수

착한 사람들이 두는 장기 게임 훈수의 가르침은 미덕이요, 나쁜 사람들이 두는 장기 게임 훈수의 가르침은 죄악이다.

* 이 말의 요지는 꼭 장기 게임에 국한된 것만이 아니다. 인간관계에서 형성될 수 있는 끈끈한 정감과 불필요한 시비로 싸움 같은 일이 발생하는 것을 방지하기 위해 잘 가려서 행동하라는 것이다.

대인관계

7

대인관계

벗

벗이라는 말은 세상의 그 무엇보다도 고귀하며, 아름다움이며, 그리움이요, 마음의 위안이요, 생각만으로도 행복해질 수 있는 가치가 충분한 고상한 색체이다.

밝은 얼굴

밝은 얼굴 표정은 대인관계에서 생성되는 자기의 운명까지도 좋은 방향으로 바뀌게 할 수 있는 신비한 힘이 되는 것이며, 처지의 상황이 어려울 때 상황을 바꿀 수 있는 비상용으로 사용할 수도 있다.

미소

스스로의 미소, 남을 향한 미소, 남이 나를 향한 미소의 얼굴은 희망의 언덕을 가슴에 품게 한다.

미소 짓는 얼굴

찌들고, 힘들고, 구겨진 마음을 밝게 해 줄 힘을 가지고 있는 것은 그대를 향해 정답게 미소 지어주는 얼굴이다.

인맥관리

인맥관리를 원활하게 잘 유지하려면, 당신 스스로 모나지 않는 통상 보편적인, 상식으로 통하는 사람이 되어 있어야 한다.

가장 기쁜 순간

세상에서 가장 기쁜 순간은, 누가 뭐라고 해도 오랫동안 헤어져 있었던 가슴이 뭉클하게 정감을 나누었던 사람을 다시 만나게 되었을 때이다.

* 사람은 사람에 의해 위로받고, 사람에 의해 힘을 얻고, 사람에 의해 용기를 갖는다.

과잉친절

필요 이상의 과잉친절은 그 목적이 무엇인지 불명확할지라도 개인적인 어떤 욕심에서 출발하며 발생되는 것이다.

나쁜 친구

나쁜 친구를 친구로 사귀고 있거나 나쁜 친구를 교화시켜 좋은 친구로 만들 능력이 되지 않으면 당신 역시 나쁜 친구의 사람으로 되어 갈 뿐이다.

관심 그리고 편애

관심을 가져주는 것은 사람을 사람다운 사람으로 가꾸어 주는 힘이 되고, 편애하는 치우침은 사람을 사람 아닌 사람으로 만들 위험이 되는 것이다.

욕설과 폭언

욕설과 폭언은 듣는 사람이 어떤 마음을 갖느냐에 따라 분노의 화살이 될 수 있고, 반성하여 앞으로 잘 되고자 하는 채찍질이 될 수도 있고, 자신을 무기력하게 만드는 올가미가 될 수도 있다.

* 당신의 현명한 선택은 어떤 것일까?

이상한 고집

상식적으로 이해가 되지 않는 이상한 고집을 가진 사람은 친하게 지내던 사람마저 등을 돌리게 만든다.

의심

의심하는 마음은 禍根(화근) 발생의 원인이 되며, 단절과 미움의 전조 현상이 되는 것이다.

겸손

겸손의 태도, 이 한 가지만 잘 유지하여도 당신의 밝은 미래를 맞이할 수 있을 것이다.

어른의 언행

대인관계에서만큼은, 어른은 어른의 나이에 맞는 언행을 지켜야 한다. 어른이 되어서도 철딱서니 없다는 말을 듣게 되면 기분이 좋을 리가 있겠는가.

모여서 함께 하는 것

동료들 그리고 친구들이나 이웃들이 모여서 함께 협력을 하는 것은 사랑이요, 진전이며, 상생이 되고, 성공의 길로 가는 지름길이다.

인생은 미완성

인생은 잘 사나, 못 사나 어차피 미완성 인생이다. 어떤 인생 목표를 이루었다 할지라도 그 목표 자체가 인생이 될 수 없다. 인생은 과정에서 배우고 성장하는 것에 있기 때문에 미완성 인생이 될 수밖에 없다. 인생은 이런 것인데 돈이나 재물 또는 권력을 가졌다고 남을 업신여기지 말라.

업적

자신의 개인적인 업적을 스스로 자랑하는 사람은 못난 소인배나 다름없다.

자존심 3

남에게 자존심을 남발하지 마라. 자존심의 남발은 자신의 앞길을 가로막는 가시밭길을 만드는 거와 같다.

이 정도는 참아야 한다

자기 취향의 맛에 따라 사는 것도 중요하지만, 이를 너무 표시 나는 모습으로 살지 말라. 자기 취향에 맞지 않는 조금의 불편함과 불만스런 것은 참을 수 있어야 한다. 왜냐하면 다른 사람들에게 자칫 까다로운, 또는 까칠한 사람으로 비쳐지기 때문이다.

인연에 의한 수명

좋은 귀인을 만나 알고 지내는 인연이 되면 수명은 길어지게 되고, 나쁜 사람과 인연이 되는 악연을 맺었다면 수명은 단축된다.

더불어 사는 사람

더불어 사는 사람과 자기만족을 위해 사는 사람의 차이는 바로 이런 것이다. '너의 고통은 나의 고통이요, 너의 행복은 나의 행복이다' 하는 것과 '너의 고통은 나의 행복이요, 너의 행복은 나의 고통이다' 하는 것과 같은 것이다.

2분법

좋은 일을 했다고 상을 받는 사람 중에 나쁜 사람이 있을 수 있고, 죄를 지었다고 벌을 받는 사람 중에 착한 사람이 있을 수 있다. 좋은 사람과 나쁜 사람, 이렇게 2분법으로 세상을 보지 말라. 삶에 임하는 평소의 모습과 평점이 그 사람의 인격이 되는 것이다.

화를 더 키운다

다른 사람과의 이해관계에서 자기의 일에 대한 억울한 면이 있다고 분개하지 마라. 나의 부덕이려니 하고 자신의 탓으로 여기면 마음의 평화가 온다. 인간의 본능에 치우쳐 살아가는 사람들은 이러한 순리관계를 절대로 알 수가 없다. 그래서 원인 규명을 위한 불필요한 언행으로 화를 더 키우며 살게 되는 것이다.

인격을 생각한다면

안다고 교만하지 말고, 모르면서 아는 척하지 마라. 이는 당신의 인격을 깎아 내리는 것을 방지하기 위함이다.

자부심, 프로정신

깨끗한 마음의 자부심 그리고 자기 자신과 늘 싸울 줄 아는 프로정신 같은 양심적인 마음을 가슴에 품고 사는 사람들은 밝고 좋은 사회를 만들어 가는 1등 공신이나 다름없다.

권력구조

권력구조에서 남자는 자기의 능력을 인정해 주고 자기를 좋아해 주는 상관을 위해서 신의를 지키며, 마음을 바치는 것은 희망의 가슴에 불을 밝히는 거와 같기 때문이다.

작심 3일

금연, 금주, 공부, 취미, 행동 등 어떤 것의 목적을 성취하기 위해서 중대한 결심을 했을 때, 그 결심이 3일이면 흐지부지되고 마는 것은 그 결심을 수시로 점검해 줄 같은 목적의 동료가 없기 때문이다.

* 혼자서 행하는 인간의 의지는 나약하기 때문에 어떤 결심에 대한 같은 목적의 동료가 있어 항상 서로 간에 점검하고 챙겨주지 않으면 성취하기 어렵게 된다.

업에 의한 죗값

경쟁의 대상이든, 모르고 지내는 타인이든 상대방 당사자의 꿈을 짓밟는 행동은 하지 마라. 이는 세상을 살고 있어도 삶의 맛이 고약하거니와 죽어서도 업보에 의한 죗값을 반드시 치러야 하기 때문이다.

욕심

삶에 필요한 적당한 욕심은 사회를 발전시키는 근본 바탕이 되고 좋은 측면이 많지만, 지나친 욕심은 좋은 면은 아예 없고 모든 사회악의 활성만 가중시킬 뿐이다.

신뢰 1

신뢰를 얻는 것은 오래 걸리지만 신뢰를 잃어버리는 것은 한 순간이며, 한 번 무너진 신뢰는 자기의 대부분을 상실하게 만든다.

협력은 빠른 길

시작이 있으면 진전이 있기를 바라고, 진전은 성공이 있기를 바라게 된다. 이 과정의 가장 빠른 길은 다른 사람들과 협력을 통하면 쉽게 되는 것이다.

좋은 사람

좋은 사람을 만나 가까이 지내거나 벗이 되는 축복을 안고 생활하고 싶다면, 우선 먼저 당신 스스로 좋은 사람이 되어야 한다.

잔꾀, 잔머리

재물과 돈의 축적을 만족으로 느끼는 것을 삶의 목표로 삼고 살아가고 있는 사람들과 돈의 노예가 되어 있는 어리석은 사람들은 아무리 많은 지식을 갖고 있다 하여도 사랑의 실천으로 가는 지혜로운 생각은 발생하지 않을 것이며, 삶의 과정에서 오로지 사심으로 더러워진 잔꾀와 잔머리만 발달할 뿐이다.

어쩌다 듣게 되는

어쩌다 듣게 되는 "나한테 찍혀서 내 눈 밖에 벗어난 인간들치고 잘되는 사람(놈) 단 한 명(놈)도 못 봤다." 이런 말을 할 수 있는 사람은 인생의 내공이 상당히 축적된 사람이다. 당신도 이런 말을 할 수 있는 사람이었으면 한다.

딱 맞는 사람

자기 기호와 취향에 딱 맞는 사람을 찾아서 만나기는 모래사장에서 바늘 찾기와 같다.

공통점, 좋은 뜻

자기와 같은 공통점을 지닌 사람을 만나는 것은 작은 행복이요, 자기와 같은 좋은 뜻을 지닌 사람을 만나는 것은 큰 행복이다.

비겁하지 말라

자신의 안위만 생각하며 비겁하게 사는 인생은 결국 '벌레 인생'이나 마찬가지인 셈이다.

명상어록

당당하게 나서라

다른 사람들의 입방아를 핑계로 삼아 충고 형태로 둔갑시키는 것은, 그대의 안위를 걱정하는 아주 비겁한 행동이다.

신뢰 2

짧은 기간에 신뢰를 얻는 일은 없다. 신뢰를 받는 사람으로 존재하고 싶다면, 먼 훗날까지 어떠한 것에도 정직해야 하며 거짓이 없어야 한다.

당신의 안식처

당신을 이해하는 사람들이 많아지도록 노력하며 살라. 이것은 곧 당신 마음의 안식처가 되기 때문이다.

혁신

정치, 경제, 사회, 문화, 산업구조 등 이런저런 혁신 다 있어도 각 분야의 사람관리 혁신만큼 더 효과적인 것은 없다.

축복

좋은 사람들과 친밀함으로 늘 가까이에서 함께할 수 있다는 것은 아주 큰 축복에 해당되는 것이다.

겉모습

자기의 겉모습에 상당한 자신감을 갖고 있는 사람들은 남에게 고의성 피해를 줄 확률이 높은 편에 속한다.

성공하기 위해서는

그 무엇을 목표로 하든 성공하기 위해서는 보편적인 시각에서 벗어나 독특하고 독립적인 생각이 때때로 성공의 밑거름이 될 수 있으며, 대인관계에서는 모가 나지 않는 친절함으로 친숙해야 하고 사물에 대한 사리분별이 정확해야 한다.

사람답지 못한 사람

사람답지 못한 사람에게 자비와 지혜를 구하려는 것은 밭에서 물고기를 잡겠다고 하는 것과 같이 소용없는 어리석은 짓이다.

가족 1

부모와 자식간의 분쟁이 도의적인 면을 떠나 법적인 문제로 가게 되면 가족이 아니라 원수지간이 되게 되는 것이다.

가족(부부, 부모자식) 2

부부간의 심한 분쟁은 법적인 문제로 가게 되고, 부모자식간의 분쟁은 도의와 윤리적인 문제로 해결하는 방법을 택해야 한다.

충견과 똥개의 차이

충견은 어떤 상황에서든 주인을 위하고, 똥개는 목줄만 풀어놓으면 제 세상인 줄 안다. 인간 사회에서도 이런 일이 많이 발생하고 있다.

빛나는 사람

인연보다 깊은 인맥관계의 사람들에게 정성으로 대하게 되면, 그대는 스스로 빛나는 사람이 되는 것이며, 가장 호감 있는 친근감을 누릴 수 있게 된다.

남이 알아주기를 바라지 말라

자기의 잘하고 있는 면을 남이 알아주기를 바라는 것은 당신의 마음이 가식에 찌든 교만심이 작용하는 것이며, 설령 칭찬 몇 마디 듣는다고 쳐도 당신의 존재 가치가 빛나는 것이 아니다.

쓸모없는 사람

이 세상에 쓸모없는 사람은 없다. 진짜 쓸모없는 사람은 고의적인 악행으로 남에게 큰 피해를 주는 사람들이다.

듣기 좋은 호칭

듣기 좋은 호칭은 그 호칭을 듣는 당사자들을 능률적인 사람으로 변하게 한다.

팔불출

팔불출 소리 듣기가 겁이 나서 처자식의 자랑거리가 있는데도 동료들에게 자랑하지 못하면 자기주관이 없는 진짜 팔불출이 되는 것이다.

믿음

맹목적으로 과신하는 믿음은 차후에 큰 상처가 될 수 있다.

가식적인 사람

가식적인 사람들은 좋은 사람을 진정한 친구로 가까이 두기 어렵게 된다.

나를 불러주는 사람

일감을 주기 위해, 또는 함께 즐거운 시간을 보내기 위해서 나를 불러주는 사람이 있다면 그것은 좋은 행복이 되는 것이다.

너무 착하지 말라

너무 착하게 굴지 마라. 너무 착한 행동은 남의 눈에는 바보처럼 보이기 때문이다.

도움을 주는 일

열심히 살고자 하는 어려운 사람에게 도움을 주는 것은 그 어느 누구도 비난하지 않으며, 이는 죄업을 지우는 덕을 쌓는 행위가 되는 것이다.

불량한 사람

대인관계에서 기본예의를 무시하면 불량한 사람으로 낙인이 찍히게 되는 것이다.

이해되지 않는 사람

상식적으로 이해되지 않는 사람이 자기 주변에 있다면 가까이 사귀지 말라. 가까이 하면 피곤해질 따름이다.

좋은 사람을 잃는다면

가까이 지내던 좋은 사람을 잃는다는 것은 마음이 반이나 부숴지는 거와 같다.

칭찬

칭찬하는 말은 사랑의 표시이며, 인간관계의 친밀감을 유지시키는 마음의 혈액순환제와 같은 것이다.

호감을 사려면

호감을 사려면, 그 사람이 듣고 싶어 하는 칭찬의 말을 진지하게 해주면 호감도 얻고 친밀감도 유지할 수 있다.

까칠한 사람들

까칠한 사람들은 자기 입지만을 위하여 생활하며, 생각이 깊지 못하고, 다른 사람에 대한 이해가 부족하며, 가지고 있는 재물의 양으로 사람을 판단한다. 그리고 그들은 배려와 사랑이 부족한 사람들이며, 베푸는 미덕을 알지 못하는 사람들이 대부분이다.

친밀한 소통

친밀한 마음의 소통은 상호간에 충격을 완화하는 완충제 역할을 한다.

불만과 삶의 의미

타인으로부터 불만의 대상이 되는 삶을 살아왔다면 삶의 의미를 잃어버린 거와 같다.

사회

8

사회

삶의 목적

자신의 즐거움과 사랑과 행복을 위하고, 나아가서 남을 위하고, 사회를 위하고, 나라를 위하고, 크게는 인류를 위하는 그러한 삶의 노력이 진정한 삶의 목적이 될 수 있는 것이다.

삶의 목표

평범한 凡夫(범부)들의 삶의 목표는 돈이나 권력 또는 출세에 관한 것이지만, 道(도)를 정직하게 아는 사람들은 삶의 목표를 모든 사람들이 사람답게 그리고 행복하게 살아갈 수 있는 길을 만들고자 하는 것에 있다.

사는 것에는

사는 것에는 재미로 사는 삶, 가치의 삶을 사는 삶. 이 두 가지가 있다.

인성교육

성장기의 인성교육(사랑과 나눔, 배려 등)은 필수적인 선택과목이 되어야 다음에 사회 전반에 사람이 사람을 위하는 밝은 사회 형성이 가능하게 된다.

인문학 없는 산업화

인문학이 없는 산업화의 발달은 인간들의 삶을 '벌레 인생'으로 만들 뿐이다.

승자독식구조

자본주의 승자독식구조의 방식에서 승자독식 분배방식에 커트라인 규제가 없다면, 세상은 갈수록 사회의 악만 점점 만연하게 될 것이다.

노동과 능력

근로자들의 노동은 '십시일반', '백시일반'과 같은 맥락이요, 사람에 따른 능력이란 '무시무반', '일시일반', '일시백반', '일시만반'과 같은 맥락이다. 하지만 노동이 없는 사회는 능력도 없는 사회가 되고 만다.

* 십시일반 : 열 사람이 밥 한 숟가락씩 떠서 한 사람을 먹여 살린다는 뜻

가장 슬픈 일

이 세상을 살아가면서 겪는 가장 슬픈 일은 사람다운 사람들이 사람답지 못한 개망나니 사람들과 함께 공존하며 생활을 하고 있는 것이다.

아픈 역사

아픈 역사의 모든 것은 인간의 지나친 욕심에서 비롯된 것이다.

명상어록

선생님들

선생이라고 다 같은 선생이 아니다. 돈만 밝히는 나쁜 선생과 잘 가르치는 좋은 선생, 솔선수범하는 훌륭한 선생, 제자들의 앞날을 망쳐놓는 못된 선생, 제자들의 가슴에 불을 지피는 위대한 선생이 있다.

지식과 지혜 1

이 세상에는 지혜의 머리는 있고 지식의 머리는 별로 없는 따뜻한 사람들과 지식의 머리는 있고 지혜의 머리가 없는 이기적인 사람들이 있다. 그리고 지식의 충만으로 슬기로운 사람과 잔머리 굴리는 못된 사람들이 있다.

현실주의의 외침

이상주의의 고집스런 외침은 천년이 흘러도 빈산에 울리는 메아리와 같고, 밝은 사회를 향한 현실주의의 외침은 인간성 회복의 지름길이 된다.

사람의 심성

사회적 구조가 불합리하게 나쁘다면, 행복지수는 오를 수 없고 사람의 심성부터 제일 먼저 나빠지기 시작한다.

자본주의의 이중성

승자독식구조의 자본주의는 수많은 사람들이 불행해지는 길이 되는 것이고, 상호생존, 즉 상생의 상호교류 자본주의는 수많은 사람들이 행복해지는 길이 된다.

지식과 지혜 2

채워서 보상받을 수 있는 게 지식이라면, 비우고 덜어냄으로써 발생하는 보상이 지혜이며, 지혜는 공명심의 생명 줄이요, 남에게 베풀기 위한 것이다.

* 지식은 소통의 수단이며, 지혜는 마음속의 욕심을 비워 남들을 이롭게 하는 행동이 나오게 하는 것이다.

法(법)

국민들의 호응을 얻지 못하는 법, 즉 가진 자들의 기만에 놀아나는 법은 더 이상 법이 될 수 없어야 한다.

정의

정의란 평등한 인간관계의 지속이며 합리적인 관계의 공정한 기틀이 되어야 하는 것이다.

거물과 괴물

어느 분야이거나 상관없이 함부로 대할 수 없는 높은 자리의 사람은 거물이요, 나쁜 짓을 하여 지탄의 대상이 되는 높은 자리의 사람은 괴물이라 불러도 되는 것이다.

사람답지 못하면

당신이 아무리 재능이 출중하다 하여도 사람답지 못하면 칭찬을 들을 수가 없게 되고, 가진 재능 역시 푸대접의 대상이 된다.

시간의 가치 2

시간은 누구에게나 똑같이 흘러가지만, 시간의 가치는 사람마다 다르다. 이 시간의 가치에 인간들의 불공평을 초래하는 해답이 있다.

군중심리

옳고 그름을 떠난 무분별한 군중심리는 잘못된 길을 스스로들 찾아가는 어리석은 사람들이 될 뿐이다.

평등

인간 자체는 평등할지 모르나, 인간사회에서는 평등함이 없다. 재물에 대한 과다한 욕심이 사라지지 않는 한, 인간들은 결코 평등해질 수가 없는 존재인 것이다.

　* 힘 있는 자의 횡포, 힘없는 자의 굴욕, 이게 평등한가?
　* 인간들이 누려야 할 기본권조차도 천차만별인데 어디서 평등을 찾을 것인가?

사회적 비용

모든 사람들이 사람답게 살 수 있는 밝은 사회가 형성되면, 직간접적인 사회적 비용을 대폭 절감할 수 있게 된다.

배움의 목적

사람은 수많은 사물에 현혹되어 실수가 잦은 동물이다. 이를 극복하기 위해서 배우는 것이다.

배워야 할 교훈

세상의 어느 구석, 어느 곳이든지 간에 배워야 할 교훈은 존재한다.

사람들의 모순점

게으른 사람이거나, 열심히 노력하는 사람이거나, 공평한 사회이거나, 불공평한 사회이거나 사람들은 저마다 다른 사람들보다 나아 보이고 싶어 하는 마음을 누구나 다 가지고 있다.

敵(적)

적은 경계의 대상이지 싸움의 대상은 아니다. 싸움이라는 건, 친화적인 뿌리가 바탕에 깔려 있을 때 가능한 것이다. 고로 서로 지향하는 이념적 목표가 다르면 친구도 적이 될 수 있다.

음양의 조화

음양의 조화로 이 세상은 존재하고 있으며 희로애락 모든 일들이 음양의 조화에서 비롯되는 것이다.

개념과 소음

개념 없는 사람들의 왕성한 활동은, 이 세상에 이르는 모든 곳에 시끄러운 소음만 더 커지게 할 뿐이다.

부당한 욕심

사는 것에 대한 부당한 욕심은 다른 사람들의 눈물을 훔쳐가는 행위가 된다.

광대 짓보다는

광대 짓으로 유명해지기보다는 매사에 번뜩이는 지혜로 여러 사람을 이롭게 하라.

어린 시절의 기억 2

어린 시절의 특별한 기억들은 돌비석에 새겨 넣는 거나 같다. 그래서 아이가 보는 앞에서는 찬물도 함부로 마시지 말라는 말이 있는 것이다.

변호사

나쁜 사람들의 변론을 맡는 변호사들은 정의로운 공익을 위해서 변론을 포기할 것이냐, 아니면 돈을 벌기 위해 어쩔 수 없이 직업의식에 충실할 것이냐, 이것이 문제로다.

적당함의 미학

끝없는 욕심의 팽창은 인간의 가치를 추락시킨다. 그래서 사람다운 사람들은 욕심과 절제 사이에서 적당함의 미학을 추구하게 되는 것이다.

탐욕

탐욕에 눈이 멀어 사는 사람들은 그릇된 思考(사고)의 정신병자와 같은 사람들이라 할 수 있다.

재능

남들이 쉽게 할 수 없는 그 무언가의 특별한 재능을 지니고 있다면 당신의 인생은 이미 절반은 성공한 셈이다.

아무나 하는 것이 아니다

맑은 물로 더러운 곳을 청소하듯, 의식이 깨어 있는 사람들이 개념 없는 사람들을 깨우쳐야 하는 것이다.

人 · 仁 · 忍(인 · 인 · 인)

사람(人)이 사는 사회의 모든 정의와 질서는 仁(인)과 忍(인)에서 비롯되어야 하는 것이다.

* 仁(어질 인) : 어질다, 사랑하다, 불쌍히 여기다.
* 忍(참을 인) : 참다.

가식의 틀

다른 사람과의 불협화음으로 인한 분쟁이 발생할 수 있는 것은 사회적 형식과 가식의 틀에 갇혀 살아가고 있기 때문이다.

따뜻한 정열

세상을 향해 비판의 쓴 소리나 잘못된 부분에 화(욕 포함)를 낼 수 있는 사람들은 가슴에 좋은 세상을 위한 따뜻한 정열이 살아 숨 쉬고 있는 것이라고 봐야 한다.

世事相反(세사상반)

세사상반 같은 일이 존재하고 있는 것은 올바른 정신으로 정직하게 살고 있는 사람들과 그렇지 못한 사람들이 뒤섞여 사는 모순된 세상이 지속되고 있기 때문에 그런 것이다.

* 세사상반 : 세상의 여러 일 중에서 상식과 반대로 된 경우의 상황이 발생하는 것을 말함.

어우러져야 제 맛

모든 것은 서로 어우러져야 제 맛이 난다. 음식이 그러하듯 사람도 이와 마찬가지다.

영악한 사람들

영악한 사람들을 사회 공헌을 위해 일할 수 있도록 잘 이끈 사람이 있다면, 그 사람은 예수보다 낫다.

결혼문제

당연하다는 결혼의 필요성은 사회나 국가적인 면에서는 큰 비중을 차지하는 문제이다. 하지만 개인적인 면에서는 자기의 행복을 위해서 결혼

하지 않는 사람들도 있겠지만 이로 인해 발생하는 사회적인 문제에는 어느 정도 미안한 마음을 가지고 있어야 한다.

일관성의 원칙

어떤 그 누구라도 권력단체의 의도에 의한 일관성원칙의 적용을 받게 되면, 좋은 사람이 되거나, 나쁜 사람이 되거나, 정해진 길을 가지 않을 수 없게 된다.

100가지 말이 다 무익

'새로운 눈으로 보면 세상이 달라 보인다' 하는 말에서 새로운 눈을 가지고 볼 수 있는 그 진행과정을 모르면 백 가지 좋은 말도 다 무익할 수밖에 없다.

이분법 의식을 이용하는 사람들

나라를 운영하는 정치인이나 기득권의 보수 세력 그리고 언론사의 사람들이 자기들의 철밥통을 지키기 위해 국민들의 민심을 반으로 갈라 놓게 하기 위한 방책에서 이용하게 되는 것이다.

* 지역 갈등을 부추기는 말, 이념 갈등을 부추기는 말, 국민들을 편가르는 말, 여당·야당의 극한 대립 등

영혼

9

영혼

영혼의 존재

영혼의 존재가 하는 일의 몫은 생각의 개념에 날개를 달아주는 역할을 한다. 그리고 사람은 죽어 없어져도 영혼은 죽지 않는 존재이기도 하다.

영혼의 양식

나이를 먹는다고 영혼이 함께 성장하는 것은 아니다. 고난과 역경의 가혹한 시련을 잘 견뎌 온 인내의 깊은 통찰이 영혼이 성장할 수 있는 양식이 되는 것이다.

* 생각도 없이 매일 술에 취해 사는 사람은 영혼도 없다.

자기의 영혼

맑은 영혼을 소유하기 위한 노력은 있으되, 자기 안의 영혼은 자기 스스로 통제할 수 있는 수단의 존재는 아닌 것이다.

영혼이 깃든 마음

참된 영혼이 깃든 마음은 깊고 고요하며, 찰나의 순간에 하는 생각은 하늘 끝까지라도 갈 수 있다.

영혼의 활동시간

생각을 하지 말고, 미동도 하지 말고, 지그시 눈을 감고 가만히 있게 되면 무상, 무념의 자아소멸 상태가 된다. 이 상태가 영혼이 활동하는 시간이 되는 것이다.

영혼을 정갈하게

영혼을 정갈하게 유지하지 못하면, 하늘을 봐도 하늘을 알 수 없다.

신은 인간에게

神(신)은 인간에게 착하게 그리고 조용히 살라고 하신다.

영혼의 힘을 믿는 희망

영혼의 힘을 믿는 희망의 출발은, 보이지 않는 곳보다 더 멀리 갈 수 있는 용기와 자신감을 갖게 한다.

無言(무언)의 가르침

보고, 듣고, 배운 가르침은 머리에 쌓이고, 스스로 깨닫는 無言(무언)의 가르침은 가슴에 쌓인다. 그리고 무언의 가르침은 행복 속에 존재하고, 고통, 좌절, 절망 앞에도 존재한다. 또한 무언의 가르침은 자기 영혼이 성장하는 양식이 되는 것이다.

창의력

상상이 현실이 되는 기이한 현상들의 발명 같은 창의력은 인간의 영혼이 신과의 교감에서 얻을 수 있는 것이기에 가능해지는 것이다.

신과 당신의 영혼

어떤 행동을 취함으로써 좋은 결과로 이어졌다면 이는 신이 당신을 도운 것이요, 그러나 생각에 의한 행동으로 인하여 나쁜 결과로 이어졌다면 이는 당신의 영혼은 존재하지 않거나 병들어 있음이다.

* 생각을 잘하고 행동하면 좋은 결과로 이어질 것이요, 생각이 부실하면 행동은 나쁜 결과로 이어질 것이다.

덕을 쌓는 것

덕이나 공덕을 쌓는 것은 업보를 지우기 위한 행위이며, 자기의 영혼을 하늘에 닿게 하기 위한 단계에 해당하는 것이다.

* 덕은 자기의 내면으로 쌓는 것이요, 공덕은 자기의 외면으로 쌓는 것이다.

당신의 영혼은

당신의 영혼은 당신의 마음속에 늘 있는 듯하지만 당신이 거울을 바라볼 때에는 거울 속에 숨어드는 것이다.

신비로운 세상

자연은 신비요, 삶은 현실이지만 역시 신비다. 이 세상에 신비롭지 않은 것이 없으며, 모든 것이 신비롭다고 느끼는 마음을 지닌 사람만이 신의 존재를 알 수가 있는 것이다.

천사

천사는 그대의 가슴속에서 잠을 자고 있었을 뿐이다. 가슴을 활짝 열어 천사와 대화하라.

편견

상대편의 얼굴 인상이 곱거나, 험악하거나 상관없이 편견 없는 마음으로 마주할 수 있다면 그대는 신의 영혼을 가지고 있는 것이다.

사심, 헌신, 지혜

집착으로 더러워진 사심은 영혼을 갉아먹는 행위이고, 나를 바쳐 남을 위한 헌신은 영혼을 빛나게 하는 것이며, 나와 더불어 남이 함께 잘되는 길을 여는 지혜는 영혼을 춤추게 하는 것이다

눈빛

오랜 세월 잘 묵혀온 눈빛은 찰나의 순간에 매의 발톱처럼 날카롭다.

神(신)의 감탄

신이 그대에게 감탄하는 순간은 희망의 끈을 놓지 않는 강한 믿음이 있을 때이다.

명상어록

귀한 재산

억만금의 재물보다 더 귀한 재산은 당신이 지니고 있는 깨끗하고 맑은 영혼이다.

自我(자아) 소멸

무상, 무념의 몰입상태에서 수양하는 마음에 생각이 발생하지 않아야 하며, 사람 및 사물의 잔영이 나타나지 않는 상태가 지속되면 비로소 자아 소멸상태가 되는 것이다.

'나'의 의미

'나'라고 하는 것은 다른 사람과의 관계에서 '나'라는 의미가 성립될 뿐, 혼자만의 '나'라는 것은 아무런 의미가 없는 자연의 풍광에 버티고 선 나무 한 그루나 다름 아니다.

아름다운 죄의식

아름다운 죄의식은 지은 죄가 없어도 능력의 부재로 인한 회한의 죄의식을 느끼며 살아가는 것을 말한다. 아름다운 죄의식은 따뜻한 人間愛(인간애)적인 마음이 살아 숨 쉬는 인간 본연의 자세를 유지하는 것이며, 자기의 영혼에 깨끗한 옷을 입히는 성스러운 마음이다.

인격, 도리, 道(도)

⑩

인격, 도리, 道(도)

道(도)

자기가 행하고 있는 일에 온전을 기해 잘못됨이 없게 하는 정신 상태와 자기성찰을 위하여 마음을 수양하고, 인간의 삶을 편안하게 유지되도록 힘쓰며 노력하는 행동이 진정한 참된 道(도)이다.

도덕의 정의

道德(도덕)이라 함은 모든 사람들의 인격과 안위를 위하고, 남들로부터 비난의 대상이 되지 않도록 자기의 자리를 잘 보살피는 양심 있는 생활이 되는 마음가짐의 태도와 행동을 말한다.

道理(도리)의 生活(생활)철칙

철칙의 1조는 사람이라면 사람이 사람답게 살아갈 수 있는 사람으로 세상을 살아가는 사람이어야 한다. 철칙의 2조는 仁 · 義 · 知 · 禮 · 德(인 · 의 · 지 · 예 · 덕)을 항상 기억하고 실천할 수 있는 사람이어야 한다. 철칙의 3조는 公(공)과 私(사)의 구별이 뚜렷하고, 항상 자기 자신을 돌아볼 줄 알며, 반성할 줄 아는 사람이어야 한다.

바른 길의 道(도)

도술을 부리는 道(도)는 있을 수 없고, 바른길을 가는 도가 있을 뿐이다. 正道(정도)의 길을 가고자 한다면 仁·義·知·禮(인·의·지·예), 이 네 가지만큼은 항상 기억하고 실천할 수 있어야 한다.

나는 나

나는 너희와 다르게 생각하며 존재하고, 나는 마음 그릇이 큰 사람이며, 비록 가진 것이 없어도 인격만은 훌륭하다. 그러므로 나는 나답게 행동하며 처신하고 산다. 고로 나는 나다. 이렇게 확실하게 말을 할 수 있는 당신이라면 참 좋겠다.

德(덕)

당신에게 다가온 덕은 당신의 좋은 인격과 겸손에서 생겨나는 것이다.

일면불 월면불

하루하루를 일면불 월면불의 마음으로 지낸다면, 세상을 살아도 억울한 일이나 분함에 치를 떠는 일은 결코 발생하지 않게 된다.

 * 一面佛(일면불) : 하루만 살다가 간 부처
 * 月面佛(월면불) : 한 달로 알기 쉬우나 1,800년을 살다가 간 부처를 일컬음.
 * 일면불 월면불의 풀이 : 하루를 살든, 1,800년을 살든 매일 매일이 부처와 같은 마음으로 산다는 뜻

인격

인격이라는 것은, 권선징악에 의한 뿌린 대로 거두게 하는 것이 진정한

인권주의의 인격인 것이다.

  * 좋은 열매는 모두 거둬들이고, 안 좋은 열매는 골라서 거둬들이고, 아주 나쁜 열매는 그냥 버리는 것과 같이 인격도 이와 같아야 하는 것이다.

인격관리

튼실하고 맛있게 잘 익은 과일도 세찬 바람 맞아 땅에 떨어지고 나면 가치가 없는 과일이 된다. 인격이라는 것도 이와 똑같아서 주변에 나쁜 사람들을 가까이 두지 말아야 한다.

진정한 자기

당신의 몸은 진정한 자기가 아니다. 생활에 의한 습관의 벽을 허물고, 자연에 대한 깊은 통찰을 통해야 비로소 진정한 자기를 볼 수 있게 되는 것이다.

사라지지 않는 정의

악이 흘러넘치고 세상이 아무리 험악하다 하여도 의로운 정의는 결코 사라지지 않고 악을 정복할 수 있게 되어 있다.

인생에서 가장 중한 것

인생에 있어서 가장 중한 것은 생명의 존엄이요, 그 다음이 사랑이요, 그 다음이 소망이요, 그 다음이 의·식·주를 해결할 수 있는 일(노동)이요, 그 다음이 건강이며, 맨 꼴찌는 거지 동냥보다 못한 도둑질이다.

道理(도리)를 지켜야 하는 이유

도리를 지키며 살아야 하는 이유는 삶을 살면서 보게 되는 모든 것들이 눈에 보이는 것만이 전부가 아니기 때문이다.

도리를 지키면

모든 사람들이 도리를 지키고 살면 인재로 인한 큰 불의의 사고 같은 것은 절대로 일어날 수 없게 된다.

道(도)를 아는 길

仁(인)과 德(덕) 그리고 의로운 마음만 갖고 살아도 道(도)가 무엇인지 알게 된다.

정도의 삶

올바르고 의로운 삶을 말하며, 세상사 모든 불편함을 생동감 넘치는 활력으로 변화시켜 모두가 편안한 마음으로 세상을 살아갈 수 있게 한다.

삶의 지표

무엇으로 사는가? 무엇 때문에 사는가? 무엇 하면서 사는가? 이 세 가지 물음에 부끄러움 없는 삶을 살아갈 수 있다면 그것이 아름다운 삶 그리고 자기의 명예에 부끄럽지 않고 당당하게 세상을 살아갈 수 있는 올바른 삶의 지표가 되는 것이다.

권선징악

道理(도리)를 지키면서 살자 하면 권선징악에 의한 사랑의 실천이요, 도리를 떠나서 평범한 각자도생의 삶으로 이어가자면 이 세상은 악의를 품는 선한 마음과 선한 마음을 가장한 악마들이 판을 치는 세상이 된다.

나무와 삶

큰 나무가 될 어린 나무를 심고 가꾸어 키워나가다 보면 그 어느 때 가서는 삶의 의미를 깨달을 수 있을 것이다.

부처가 되어라

악마의 유희 같은 범죄행위에 의한 피해자나 가해자가 되지 않으려면, 당신 스스로 부처가 되어야 한다.

* 부처님은 유순하고 착한 성인이시고, 그리고 불행하게 될 모든 일의 근원을 예단하는 지혜를 지니셨던 분이었다.

아름다운 얼굴

아름답고 고운 얼굴은 남에게 호감을 갖도록 해 주는 거지만 '界(계)'를 달리하는 사람에게는 무의미한 것이 된다.

비로소 보이는 것들

눈을 뜨고 있어도 보이지 않았던 것들, 눈을 감으면 비로소 보이는 것들이 이 세상에는 수없이 많다.

사람 아닌 사람들

'찬물도 위, 아래가 있고, 똥물도 파도가 있다'라는 말은 이 세상 구석구석 어디에서나 '예'와 '도'가 존재하고 있다는 말이다. 고로 예와 도를 모르고 살아가는 사람들은 사람 아닌 사람과 같은 것이다.

정의로운 사람의 용기

정의로운 사람의 용기 속에는 할 수 있다는 자신감과 신이 함께하는 기적, 슬기로운 지혜가 함께 하고 있다.

도사도 별수 없다

도사라고 할지라도 도리를 지키지 아니하고 살아가게 되면, 어느 한 순간에 몸을 크게 다치거나 목숨을 잃을 수가 있다.

과대포장

삶을 살아가면서 진실의 깨달음을 얻게 된다면, 자기 자신을 과대 포장할 필요를 느끼지 않게 된다.

강물의 비유

큰 강물이 되었다고 세상을 우습게 대하지 마라. 강물이 더러우면 물고기가 한 마리도 살지 않는 강이 되는 것은 한 순간이다.

지혜롭지 못한 사람의 지식

지혜롭지 못한 사람은 알고 있는 지식이 아무리 많아도 결국에는 그 지식들이 모두 쓰레기에 지나지 않을 뿐이다.

고민

고민에 빠진다는 것은 정당함에 대한 이탈행위인 것이다. 밝은 생활을 영위하고 있었다면 고민에 빠질 하등의 이유가 없다.

자신감과 선견지명

자신을 확고히 믿는 것에서 발생하는 것이 자신감이며, 자기를 아는 것과 자기를 등불로 삼는 것은 밝음으로 나아가는 선견지명의 바탕이 되는 것이다.

인생철칙

인생의 살아갈 날들의 희망과 지나간 날들의 추억 사이에서 우리는 인생을 살아가야 할 이유와 존재의 이유를 깨달아서 살아가야 한다.

하늘을 알다

자기 주변에 있는 모든 것들을 소중하게 여길 줄 아는 마음과 매사에 정성스런 마음을 지니고 있다면, 그대는 하늘을 아는 단계에 와 있는 것이다.

명예

어쩌다 명예를 얻든, 노력을 하여 명예를 얻든 명예는 존귀한 것이며, 정직한 정당성이다. 명예는 욕심으로 얻을 수 있는 것이 아니다.

보이지 않는 손

그대는 타인을 위한 아름다운 선행의 보이지 않는 손이 되어 본 적이
있는가?

* 보이지 않는 손 : 남들이 모르게 조용히 행하는 일의 행동을 말함.

무위의 삶

'잘 났다' '못 났다' 하는 등의 반대 성격을 지닌 것들의 판단 기준은 상
대성에 대한 비교의 탄생물일 뿐, 본래의 바탕은 같은 것이다.

가슴의 신용장

아름다운 마음과 약속을 잘 지켜주는 마음은 가슴에 새겨 넣는 신용장
이다.

이중인격자

배우되 올바르게 배우지 않고, 생각하되 올바르게 생각하지 않고, 세상
을 살아가되 제대로 깨우치지 못한 사람들이 본능과 이성이라는 사이에
서 이중인격자로 존재한다.

평상심

가슴에는 따뜻한 열정의 마음으로 정중동의 평상심을 잘 유지하라. 그
리하면 다른 이들로부터 손가락질 받을 일은 없게 된다.

명상어록

마음의 행보

사악하고 고약한 마음은 집착의 욕심에서 생성되고, 뜨거운 열정의 의로운 마음은 진실의 진정성에서 발출된다.

돈보다는 사람

마음은 돈을 주고 살 수 있어도 믿음의 신뢰와 사랑은 돈으로 살 수 없다. 그리기에 돈보다는 사람됨이 우선이다.

착한 일 할 때

착한 일을 할 때에는 생색이나 요란 떨지 말고 조용히 행하라.

인생 공부

인생의 공부는 경쟁자가 없다. 깨닫는 만큼 그대의 것이다.

지켜보고 있다

항상 누군가가 당신의 행동을 지켜보고 있다고 여겨라.

중요한 순간에 결정체로

평범한 일상에서 인격의 가치는 겉으로 드러나지 않고, 인격은 중요한 순간에 결정체로 나타나는 것이다.

인격을 잘 돌봐야

먹고 사는 문제에 만약 명성이 필요하다면, 우선 스스로의 인격부터 잘 돌보아야 한다.

사람의 깊은 맛

사람의 깊은 맛은 묵묵히 참고 견디는 것에서 나온다.

권력의 맛

권력의 맛이라는 것은 공명성과 헌신 그리고 이기적인 재물 욕심 등이 있겠지만, 잘못 맛을 보면 자기 스스로를 쓰레기인간으로 만들 뿐이다.

사람과 돈

정직하게 일을 하여 번 돈은 당신 얼굴의 얼이 되고, 부정한 방법으로 모은 돈은 당신의 얼굴에 똥물이 된다.

초심

책임의 부합성에 따른 좋은 뜻의 초심을 잃지 않고 계속 유지해 나가는 사람은 훌륭하고 좋은 사람이다.

뒷모습 1

이게 아니다 싶으면 그 자리를 떠나야 되고, 떠날 때는 뒷모습에 추한 모습을 보이지 않아야 한다.

당신의 무덤

자식을 위하여 사회적 지위를 이용하는 것은, 곧 당신의 무덤이 될 수 있다.

성공한 사람

자신이 맡고 있는 직업의 일을 사랑하고, 성취감을 얻고, 행복을 느끼며, 명예와 인격을 지켜나갈 수 있는 사람이면 성공한 사람이다.

썩어가는 사람

성공한 사람의 판단기준을 권력과 富(부)에 두고 있다면, 당신이라는 존재가치는 서서히 썩어가고 있는 중이다.

극히 조심해야 하는 것

순간적인 감정을 참지 못하여 상황을 악화시키는 개념 없는 못난 인간은 되지 마라.

큰 죄

깨우치지도 못하고, 배우지도 않고 살아가는 것은 사회 및 자기 인생에 대한 큰 죄를 짓고 사는 거와 같다.

단순무식한 사람이 되는 길

어떤 상황에 대한 생각을 할 때, 자기 좋은 쪽으로만 생각이 치우치는 사람은 단순무식한 사람이 될 길을 걷고 있는 것이다.

인간이 되어라

어느 누가 어디에서 무엇이 되든지 우선 올바른 인간이 되어라.

인격을 돌본다는 것은

자신의 인격을 돌본다는 것은 보검의 칼날을 연마하는 것과 같은 것이다.

인간성 상실

금력, 권력, 물리력 등의 강력한 힘을 가지기 위해 노력하는 사람은 자칫 사람다운 면모의 인간성을 상실할 수도 있게 된다.

뒷모습 2

사람은 얼굴이 보이는 앞모습보다 머물다 간 뒷모습의 여운이 아름다워야 한다.

자비의 혼

대의를 위한 자비의 혼은 다른 사람을 잘 움직이게 하는 강한 힘이 되는 것이며, 자발적인 동기부여에 의한 일의 성취감을 최고로 높일 수 있다.

벌레 인생

'철없는 아이와 같다'라는 말은 '벌레 인생'이라는 말과 같은 뜻이다.

명상어록

지천명(하늘의 뜻)

인생 60세 환갑에 이르렀어도 하늘의 뜻을 모르고 살아왔다면 인생을 헛살아 온 것이며, 철없는 아이나 다름 아니다.

인격체

효심이나 양심 그리고 예의범절과 남을 배려하는 마음, 이 넷 중에서 한 가지만이라도 제대로 갖추지 못하고 있는 사람들은 밑바닥 인격체의 사람이 될 수밖에 없다.

孝心(효심)

어린 시절부터 부모의 강요에 의해 공부에만 전념한 아이는 마음에 효심이 깃들 시간적인 여유가 없으며, 어른이 되어도 끝내 자기밖에 모르는 사람으로 변하기 쉽다.

평생을 간다

어린 시절 마음에 깃든 효심은 평생을 함께 간다. 마찬가지로 어린 시절 마음에 깃든 부모에 대한 강한 불만감 역시 평생을 함께 간다.

잘난 사람

유명한 인사가 되었다고 잘난 것은 아니며, 평범한 보통 사람들이라도 자기와 남을 위하는 인생의 삶을 살고 있는 사람들이 정말로 잘난 사람이다.

* 잘난 사람 : 이 세상에서 꼭 필요로 하는 사람

못난 사람

자기의 얼굴에 먹칠을 하는 상식 밖의 행동으로 고의로 하든, 실수로 하든 남들에게 큰 피해를 주는 사람은 진짜 못난 사람이 되는 것이다.

돈

돈이란 삶에 꼭 필요한 것이지만 부정한 방법으로 모은 돈은 자기의 목숨을 위태롭게 하고, 정직하게 벌어 모은 돈은 행복이며, 돈을 자기만을 위해서 쓰는 돈은 가치가 없는 행동이며, 좋은 목적에 사용되는 돈은 가치가 있는 행동이며, 인격상승의 거름이라고 할 수 있는 것이다.

향기가 나는 사람

자신을 낮출 줄 알고 지혜로운 좋은 생각으로 행동하면 자연히 향기가 나는 사람이 된다.

더 중요한 것

직업적인 능력 향상보다는 자기개발(의식의 구조) 능력향상의 노력이 더 중요한 것이다.

좋은 발자취

살아가면서 좋은 발자취를 남긴다는 것은 자신의 인격에 대한 존엄이며, 인류를 사랑하는 기본이며, 세상을 위한 덕을 쌓는 것이다.

정신영역의 상승

욕심을 내지 않고 마음을 비우고 자기의 능력만큼 대우받고 살면 정신적 영역은 상승된다.

군자

항상 배우는 자세로 삶에 임하는 사람이라면 군자라고 불러줘도 되는 것이다.

解脫(해탈)의 경지

해탈의 경지라 함은 무한한 자유의 보장을 가로막을 수 있는 장치가 없어지는 것과 같은 것이다.

존경의 대상

자기가 행하는 모든 일에 정성으로 대하며, 생각을 깊이 있게 하고, 지혜로운 마음으로 가슴이 따뜻한 사람이면 존경의 대상으로 훌륭하다고 보면 된다.

공백의 철학

누구이든지간에 힘을 좀 쓸 줄 안다고 아무리 큰소리 뻥뻥 치고 살아도 세월이 흘러가고 나면 텅 빈 잔영뿐, 나중에는 아무런 흔적조차 없이 허공만 존재하게 된다. 이것이 공백의 철학이다.

운명적 위치

자기의 사회적인 지위와 개인적인 인격적 지위가 합쳐져서 나타나는 것이 곧 자기의 운명적인 위치가 되는 것이다.

감투와 인격

어떤 직업에서나 높은 직위의 감투를 쓰는 것은 명예이지만, 명예 있는 사람이라고 해서 인격까지 훌륭한 사람으로 보긴 어렵다. 인격이란 그 사람의 하는 말이나 행동에서 스스럼없이 드러나는 것이며, 인격은 감투와 상관없이 마음 그릇의 크기로 좋고 나쁨의 구분이 되는 것이다.